加强青少年劳动教育，引导学生崇尚劳动、尊重劳动，长大后为中华民族伟大复兴辛勤劳动、诚实劳动、创造性劳动。

壬寅夏 何继善题

本书系首届湖南省基础教育教学改革研究项目
"中学劳动教育164模式构建与实践"（项目编号Y20230002）的
研究成果

下册

中学生创造性劳动教育指导

潘道正　王普献　肖雪坤◎主编

编委名单◎彭　伟　张良存　彭　欢　黄　俊　廖文波
万德强　陈建湘　喻　灿　黄　胜　殷　丹
肖　科　廖国锋　张学成　文建军　罗湘玲
阳荣中　秦　卫　谢　杰　邓泽华　周勇波
邓　鹏　戴喜强　喻学军　龚尚为　喻继星
喻普初　谢业兴　欧丹辉　李望雄　吴　伟
贾谷丰　周　方　范升坚　赵凌云　刘剑光
刘志勇　成　奋　黄跃青　段剑东　王晓艳
王　超
宁乡市潘道正名校长工作室

中南大学出版社
www.csupress.com.cn

·长沙·

纵观近年来我国普通中学教育，虽然整体上朝着人的全面发展的大方向前进，但也存在某些不尽人意的地方，突出的表现之一是劳动独特的育人价值在一定程度上被忽视，劳动课程在学校教学过程中缺位，这在一定程度上制约了中学生劳动素养的形成与发展。为了落实学校教育德智体美劳"五育并举"的要求，普通中学教育必须补齐劳动这块"短板"。为此，党中央、国务院于 2020 年 3 月颁发《关于全面加强新时代大中小学劳动教育的意见》，教育部随之印发《大中小学劳动教育指导纲要（试行）》的通知。此外，教育部还在印发的《义务教育课程方案》中，将劳动从原来的综合实践活动课程中完全独立出来，并发布《义务教育劳动课程标准（2022 年版）》。从 2022 年秋季开学起，劳动课将正式成为中小学的一门独立课程。

新时代的劳动教育，相对过去的劳动技术教育已有新的变化，以劳树德、以劳增智、以劳强体和以劳育美的教育理念，使劳动教育成为一种具有时代性、复杂性和创新性的教育系统工程。

为了提高中学生的劳动素养，学校劳动课程内容和教学方式需要与时俱进，创新发展。在贯彻执行国家义务教育劳动课程标准的前提下，如何因地制宜地进行劳动教育？对普通中学劳动教育来说，如何实现从原始劳动、简单劳动向复杂劳动和创造性劳动方向发展？更是值得学校去探究的课题。

值得欣慰的是，宁乡市一中紫金中学审时度势，一马当先，选择了城区初中劳动教育课程内容创新的教育科学课题，并经过不懈的努力，已有可喜的收获，眼前的这本《中学生创造性劳动教育指导》就是课题组取得的一项阶段性成果。

在一般人看来，为中学生编写一本劳动课程读本对有教学教研经验的老师来说并非难事。但是，面对素质教育改革的新态势和劳动教育的高阶期望，仅仅依靠过去积累的教学教研经验可能很难如愿。一般说来，适应环境强加的变化，进行常规学习和再现思考就能行事；如果主动发起新的变化，那就需要深层学习和创新思考。我们可以认为，撰写《中学生创造性劳动教育指导》，不历经深层学习和创新思考的心智劳动，以及脚踏实地的劳动教学实践，是不可能获得创造性研究成果的。

综观此书，可以发现它具有以下突出的特点：

其一，根据体现国家意志的加强新时代学校劳动教育的理念来建构中学生创造性劳动教育课程，深入浅出地阐述了开展创造性劳动教育的基本价值取向和实现该教育目标的实施路径。

其二，按照中学生创造性劳动教育的规律，建构了该课程的具有时代特征的六大劳动任务群和 24 个劳动项目为基本框架的内容体系，并且处理好了国家义务教育劳动课程标准要求与学校特色劳动教育期望之间的平衡关系。

其三，借鉴 STEM 教育教学方式设计了劳动聚焦、劳动视野、劳动实践和劳动创智的教学环节，突出以问题为中心的探究学习和实践。具有劳动教育+科学教育+创新教育的集成化教学特色。

时至今日，劳动教育成为普通中学素质教育理念下的一种刚性需求。有需求，就得有供给。从整体上看，《中学生创造性劳动教育指导》可以作为普通中学开展创造性劳动教育的一种课程资源。只要认真品味，深层学习和勇于实践，必有借鉴价值。

我很高兴地为本书的出版点赞，亦是为序。

中南大学　教授

2022 年 6 月

学校教育，育人为本。基于"五育并举"的教育理念，劳动教育同德育、智育、体育和美育具有同等重要的地位。由于社会经济和科技的巨大变革，党中央和国务院高瞻远瞩，于近年出台了《关于全面加强新时代大中小学劳动教育的意见》，学校劳动教育的性质、基本理念、教育目标、教育内容以及教育途径和评价方式都较之过去有了新的视野和新的要求。一般说来，新时期学校劳动教育应该将培育学生的劳动价值观，培育受教育者对劳动的内在热情与劳动创造的积极性等素养作为劳动教育最核心、最本质的价值目标；辅以劳动技能的训练为手段，通过培养学生的认知能力和行动能力，最终形成正确发展劳动观念、劳动习惯和劳动情感的核心目标。

我们关于中学创造性劳动教育的研究与实践，就是在上述宏观背景下的产物，摆在眼前的这本读物就是该项研究与实践的阶段性成果。

劳动教育的基本形式是劳动实践，对中学生来说，这类实践主要有日常劳动、生产劳动和服务劳动。从新时代劳动教育发展与创新的视野看，从原始劳动、简单劳动到复杂劳动和创造性劳动的转变，无疑是一种与时俱进的趋势。

创造性劳动，是相对常规性劳动而言的一种优质劳动境界。不管是日常劳动、生产劳动或服务劳动实践，都可能存在这两种不同水平的劳动特质。常规性劳动的特点，主要表现在依靠体力劳动来获得显而易见的物质性劳动成果；创造性劳动固然也需要体力劳动，但是它同时也内含智力劳动，链接物化劳动，力图通过这种劳动获得部分匠心独具的创意或创新成果。相对而言，开展专项创造性劳动或在常规劳动实践中激发学生的创造性，对提升新时代劳动教育的质量和水平更具价值。

基于对新时代劳动教育发展与创新的感悟，我们在宁乡市一中紫金中学首开创造性劳动先河，除了加强已有的劳动教育实践基地外，还开展了创造性劳动课题研究，与未来学校建设融合建构了创造性劳动课程体系，并努力使这种教改教研成果的应用惠及接受创造性劳动实践的全体学生。

春华秋实，经过近两年的努力，我们终于将创造性劳动教育的研究与实践成果通过《中学生创造性劳动教育指导》一书表达出来，以与同仁分享。

总的说来，《中学生创造性劳动教育指导》一书的编写，以教育部印发的《大中小学劳动教育指导纲要(试行)》为基本依据，以新时代劳动教育发展与创新为逻辑起点，以课程与教学论和创造学原理应用研究为中介，以构建适应城区中学创造性劳动教育需要的校本课程体系为逻辑终点。其课程的基本结构呈"164"结构形态。其中的"1"指一个核心理念，即发展创造性劳动教育，这种教育的基本特征是劳动教育+科技教育+创新教育。其中的"6"，是指设计的6类劳动主题，即校园文明创建、非遗文化传承、田园种植收获、简单工艺制作、科技创新活动和社会公益活动。对于每一项劳动主题，可以设置不同的劳动任务。其中的"4"，是指创造性劳动教育所具有的四大教学环节，即劳动聚焦、劳动视野、劳动实践和劳动创智。其中的劳动聚焦环节，是劳动导引，要求学生自主阅读与劳动任务相关的材料，明确相应的劳动实践问题；劳动视野环节，是知识拓展，要求学生自主学习与劳动任务相关的知识和信息，开拓创造性劳动认知视野；劳动实践环节，是劳动教育的核心，是对劳动实践项目的设计指导；劳动创智环节，是对劳动任务的创新思考，期望学生能够在劳动实践过程中发挥主观能动性和创造性，提出相应的创意或完成某项微创新任务。当然，这四大环节分工不同，但在劳动实践中应该相辅相成，协同促进创造性劳动教育实践的循序渐进和目标实现。

《中学生创造性劳动教育指导》一书，是按照6类劳动主题分章阐述的，但这不意味创造性劳动实践一定照此顺序开展。学校应该因地制宜、因校制宜、因生制宜，灵活变通地选择创造性劳动的主题。

由于编写中学生创造性劳动校本课程读物或教材尚处探索阶段，书中难免存在不足之处，期望中学劳动教育领域的专家学者，特别是试用过本书的教师批评指正，以求不断修正和优化。

编　者
2022 年 6 月

CONTENTS 目 录

第 **4** 章　简单工艺制作

　　古希腊哲学家、科学家亚里士多德认为："智慧不仅仅存在于知识之中，而且还在于运用知识的能力。"历史上无数的能工巧匠就是如此。在创造性劳动中，我们需要进行一些简单的工艺制作，如木料创意制作、钳工台上制作、电动工具使用和 3D 打印见习，因为这也是传承劳动精神和工匠精神的举措。

4.1 木料创意制作

劳动聚焦

1. 自主阅读

鲁班与木工工具

鲁班，春秋时期鲁国人，姬姓，公输氏，惯称"鲁班"。他出身于工匠世家，从小就跟随家里人参加许多土木建筑工程的建设，逐渐掌握了生产劳动的技能，积累了丰富的实践经验。

《事物绀珠》《物原》《古史考》等不少古籍记载，木工使用的不少工具器械是他创造的，如曲尺（也叫矩或鲁班尺），又如墨斗、刨子、钻子、锯子等。这些木工工具的发明使当时的工匠们从原始繁重的劳动中解放出来，劳动效率成倍提高，土木工艺出现了崭新的面貌。后来，人们为了纪念这位名师巨匠，把他尊为中国土木工匠的始祖。

鲁班

（1）锯子。相传，有一次他进深山砍树木时，手不小心被一种野草的叶子划破出血。他摘下叶片轻轻一摸，原来叶子两边长着锋利的齿。鲁班就从这件事上得到启发，有了用齿状工具来切断树木的灵感。经过多次试验，他发明出锋利的锯子，大大提高了工作效率。

（2）曲尺。曲尺最早的名称是"矩"，由尺柄及尺翼组成，二者相互垂直，成直角,尺柄较短,为一尺,主要用于量度。木工以曲尺量度直角、平面、长短,甚至平衡线。

(3)墨斗。墨斗是木工用以弹线立标的工具。

木工工具

2. 问题思考

(1)鲁班被人们尊为中国土木工匠的始祖,他留给后人最宝贵的文化遗产是什么?

(2)制作木制品时怎样正确使用木工工具?

(3)在木料创意制作劳动中怎样发挥创造性?

劳动视野

1. 木匠

木匠,亦称"木工",指在制造家具、门窗框架或其他木制品过程中用手工工具或机械工具进行劳动的人。

木匠是一种古老的行业。他们以砍伐后的树木(木头)为材料,伸展绳墨,用笔画线,后拿刨子刨平,再用量具测量,制作成各种各样的家具和工艺品。

木匠用的传统工具有:斧头,用以劈开木材,砍削平直木料;刨子,更细致地刨平修饰木料表面;凿子,用于凿孔与开槽;锯子,用来开料和切断木

木工活

料；墨斗，用来弹线与校直屋柱等；曲尺，也称角尺，俗称拐尺，多为一边长一边短的直角尺，但也有较为特殊的圆弧曲尺，曲尺可以画线、卡刨光木料的方正和量方等。

木工锯　　　　　　　　　　木工墨斗　　　　　　　　　　木工曲尺

2. 木雕艺术

木头原本是有生命的物体，自古以来，人们就发现了它们那种温和、美丽与纯朴的特性。我们的祖先们就地取材，因材施艺，创造出许多精美的木雕艺术品。

木雕分工艺木雕和艺术木雕两大类。其中工艺木雕又可分为观赏性和实用性两种。经过数百年的发展，浙江东阳木雕、福建龙眼木雕、乐清黄杨木雕、潮州金漆木雕四大流派各自形成独特的工艺风格。

木雕

劳动实践

★劳动项目：木料创意制作

【劳动目标】

（1）通过木料创意制作，了解木工劳动的艰辛。

（2）通过木料创意制作，掌握木工制作的技能。

（3）通过木料创意制作，激发创造性劳动志趣。

【劳动任务1】圆木片创意制作

圆木片创意作品

□劳动过程

圆木片作品制作劳动过程

□劳动点拨

圆木片，即圆形木头片，或者是树桩切片。在圆形的树木切片上，我们可以看见树的年轮。为了满足青少年对木头手工 DIY 活动的需要，已有专门的厂家供应各种尺寸的圆木片。

在进行圆木片创意制作之前，可以欣赏他人制作的圆木片创意作品，从中得到启示，激发创作灵感。

圆木片

圆木片创意制作，当然需要发挥想象力和创造力，先确定好创意设计方案，再选择圆木片和辅件，然后运用手工工具完成圆木片创意作品制作。

圆木片创意作品

【劳动任务2】干树枝创意制作

干树枝创意作品

□劳动过程

树枝创意制作过程

□劳动点拨

利用普通的干树枝进行手工劳动制作,不仅能做到废物利用,而且对提高创意能力和实践能力是有益的。

在干树枝创意制作前,可以先欣赏他人制作的干树枝创意作品,以了解这类创意制作的特点,从中获得启示,激发自己创意设计的灵感。

制作的步骤主要有树枝造型连接、树干切割变异、选择辅件连接和作品整体优化等手工劳动。

干树枝创意作品要表现出某种主题并标新立异,无疑需要想象力的发挥。

树枝创意作品

【劳动评价】

"木料创意制作"劳动素养评价表

评价项目	评价要求	自我评价	小组评价	师长评价	备注
劳动观念	木工生产劳动价值认识				
劳动能力	木工劳动工具的掌握程度				
	圆木片作品的制作能力				
	干树枝作品的制作能力				
	木料创意制作劳动过程中的创意能力				
劳动习惯	木料创意制作劳动程序				
	木料创意制作劳动次数				
劳动精神	木料创意制作劳动过程是否精益求精				

注：在表中空白处填写评价等级，分 A（优秀）、B（良好）、C（一般）。

劳动创智

1. 创智之道：工匠精神

"工匠精神"一词，最早出自著名企业家、教育家聂圣哲，他培养出来的一流木工匠士，就拥有这种精神。工匠精神的内涵主要包括敬业、精益、专注和创新。

工匠精神

工匠们喜欢不断雕琢自己的产品，不断改善自己的工艺，享受着产品在自己手中升华的过程。工匠们对细节有很高的要求，追求完美和极致，对精品有着执着的坚持和追求，把品质从 0 提高到 1，其利虽微，却长久造福于世。工匠在传授手艺的同时，也传递了工匠精神。这是一切手工匠人所必须具备的特质。这种特质的培养，只能依赖于人与人的情感交流和行为感染，这是现代大工业的组织制度与操作流程无法承载的。

曾经，工匠是一个中国老百姓日常生活中须臾不可离的职业，如木匠、铜匠、铁匠、石匠、篾匠等，他们用精湛的技艺为传统生活景图定下了底色。随着农耕时代的结束，社会进入后工业时代，一些与现代生活不相适应的老手艺、老工匠逐渐淡出日常生活，但工匠精神永不过时。

2. 创智之思

（1）观察右图所示圆木创意，说说其创意的价值何在，带给你什么联想。

（2）观察左图，说说你看见了什么圆木创意作品，它有什么与众不同的地方。

（3）观察右图所示的树枝创意作品，说说它的创意特点。

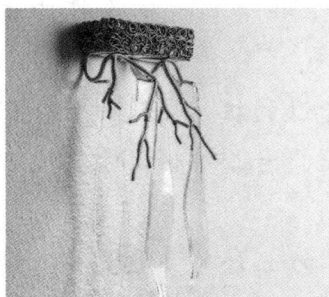

（4）观察左图所示的创意产品，说说它有什么值得称赞的地方。

4.2　钳工台上制作

劳动聚焦

1. 自主阅读

大国工匠胡双钱

2015 年 5 月 2 日，中央电视台制作的系列节目《大国工匠》推出第四集，介绍了中国商飞大飞机制造首席钳工胡双钱，称赞他为航空"手艺人"。

2006 年，中国新一代大型客机 C919 正式立项，中国人的大飞机梦再次被点燃。2015 年 11 月 2 日，国产大飞机 C919 制造工程完成总装下线，2017 年 5 月 5 日成功首飞。C919 飞机是我国按照国际民航规章自行研制、具有自主知识产权的大型喷气式民用飞机，158～168 座，航程 4075～5555 千米。

钳工胡双钱

这种飞机上有着数百万个零件，其中 80% 的零件为我国设计生产，飞机制造的复杂程度可想而知。

现代飞机制造固然需要现代化机械制造技术和先进的机械制造设备，但依然离不开被称为万能工匠的钳工作业。正因为如此，钳工胡双钱才有展示大国工匠形象的机会。

在车间里，钳工胡双钱的工作就是使用钳工工具加工大飞机上需要的精密零件。在以数控加工为主的厂房里，钳工胡双钱像有些过时的老古董，他的工具箱里装满了和他同一个年代的老式工具，但是他带领的一组钳工正进行大飞机零件的打磨、钻孔、抛光，对重要零件进行细微调整，大飞机制造中的一些精细活也需要手工完成。胡双钱钳工组不仅要制作各种各样形状各异的零件，还要临时救急，解决特殊零件的加工装配问题。有一次，大飞机生产急需一个特殊零件，从原厂调配需要几天的时间。为了不耽误工期，只能用钛合金毛坯现场临时加工这个零件，这项任务便交给了钳工胡双钱。

这个任务并不简单，因为这个特殊零件结构甚是复杂，它有36个通孔，且直径大小不一，孔的加工精度要求是0.24毫米。按照常规，这个零件需要精密锻造和数控机床加工，加工工时长，成本颇高。但令人想不到的是，钳工胡双钱凭借一双灵巧的手和一台传统的铣钻床，不到两个小时就制作出这个特殊零件，并且一次性通过检验，完成了看起来不可能完成的任务。

老钳工胡双钱的一生加工过数十万个飞机零件，令人称道的是，其中没有出现过一个次品。"全国五一劳动奖章"获得者胡双钱，的确展示出了大国工匠的风采。

2. 问题思考

(1)在机械制造中钳工作业起着重要作用，那么什么是钳工？

(2)在钳工台上进行见习劳动，能否发挥创造性？为什么？

劳动视野

1. 钳工作业

钳工，指切削加工、机械装配和修理作业中的手工作业，因常在钳工台上用虎钳夹持工件操作而得名。

钳工作业主要包括錾削、锉削、锯切、划线、钻削、铰削、攻丝、套丝、刮削、研磨、矫正、弯曲和铆接等。钳工是机械制造中最古老的金属加工技术之一。

钳工工作范围主要有：

(1)划线。对加工前的零件进行划线。

六工位钳工台

（2）加工零件。对采用机械方法不太适宜或不能解决的零件及各种工具、夹具、量具，以及各种专用设备等的制造，要通过钳工工作来完成。

（3）装配。将机械加工好的零件按机械的各项技术精度要求进行组件、部件装配和总装配，使之成为一台完整的机器。

（4）设备维修。对机械设备在使用过程中出现损坏、产生故障或长期使用后失去使用精度的零件要通过钳工进行维护和修理。

（5）创新技术。为了提高劳动生产率和产品质量，不断进行技术革新，改进工具和工艺，也是钳工的重要任务。

2.钳工工具

钳工在作业时，需要使用的手工工具主要有手锤、手锯和锉刀等。此外，钳工作业过程中也需使用台虎钳、砂轮机和台钻等机具。

台虎钳为钳工必备工具，也是钳工的名称来源，因为钳工的大部分工作是在台虎钳上完成的，比如锯切、锉削、錾削，以及零件的装配和拆卸。台

钳工手锤

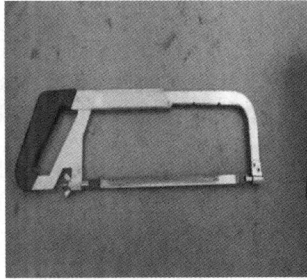
手锯

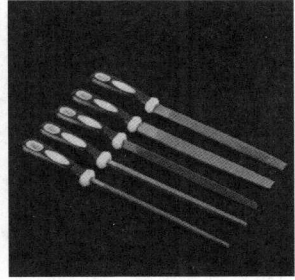
锉刀

钳工手工工具

虎钳安装在钳工台上,以钳口的宽度为标定规格,用扳手转动丝杠,通过丝杠螺母带动活动钳身移动来夹紧或松开工件。

砂轮机是用来刃磨各种刀具、工具的常用设备,也用来对普通小零件进行磨削、去毛刺及清理等。其主要由基座、砂轮、电动机或其他动力源、托架、防护罩和给水器等组成,可分为手持式砂轮机、台式砂轮机、立式砂轮机和悬挂式砂轮机等。

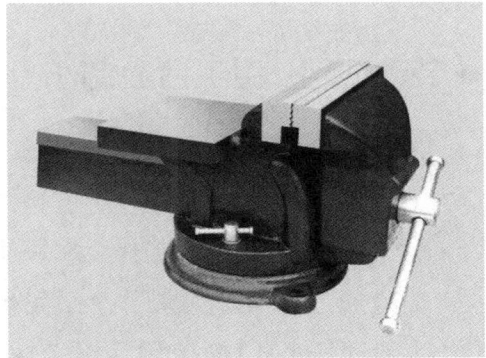
台虎钳

砂轮机

台式钻床简称台钻，是指可安放在作业台上，主轴竖直布置的小型钻床。台式钻床钻孔直径一般在 13 毫米以下，一般不超过 25 毫米。其主轴变速一般通过改变三角带在塔形带轮上的位置来实现，主轴进给靠手动操作。台式钻床主要用于中小型零件钻孔、扩孔、铰孔、攻螺纹、刮平面等工作。

台钻

劳动实践

★劳动项目：钳工台上制作

【劳动目标】

(1)通过钳工台上制作，了解钳工劳动的艰辛。

(2)通过钳工台上制作，掌握钳工的操作技能。

(3)通过钳工创意制作，激发创造性劳动志趣。

【劳动任务 1】简单用品钳工仿制

钳工仿制样品

□劳动过程

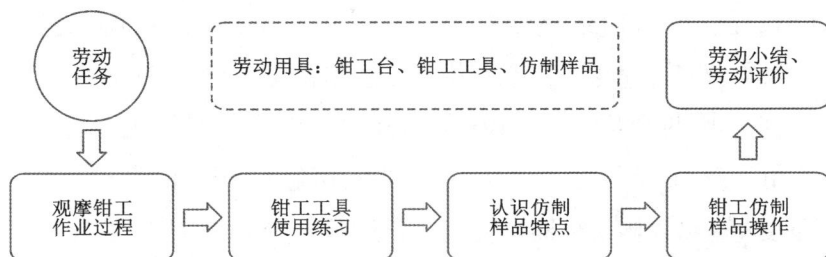

钳工仿制样品劳动过程

□劳动点拨

（1）手工锯切。

锯切是一种用手锯对工件或材料进行分割的切削加工。锯切的工作范围包括：分割各种材料或半成品，锯掉工件上多余的部分，在工件上锯槽等。

①锯条安装。锯割前选用合适的锯条，装入手锯中，锯条的松紧程度用蝶形螺母调整，调整时不可过紧或过松。过紧，失去了应有的弹性，锯条容易崩断；太松，会使锯条扭曲，锯锋歪斜，锯条也容易折断。

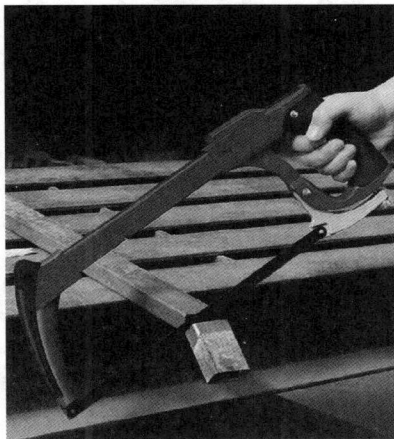

锯切

②工件安装。工件伸出钳口的部分不宜太长，以防止锯切时产生振动。锯线应和钳口边缘平行，并夹在台虎钳的左边，以便操作。工件要夹紧，并应防止工件变形和夹坏已加工表面。

③锯切姿势与握锯。右手握住锯柄，左手握住锯弓的前端。推锯时，身体稍向前倾斜，利用身体的前后摆动，带动手锯前后运动。推锯时，锯齿起切削作用，给以适当压力。向回拉时，不切削，应将锯稍微提起，减少对锯齿的磨损。

锯切切的姿势有两种：一种是直线往复运动，适用于锯薄形工件和直槽；另一种是摆动式，锯切时锯弓两端做类似锉外圆弧面时的锉刀摆动。相较之下，前一种操作方式两手动作自然，不易疲劳，切削效率较高。

（2）平面锉削方法。

①顺向锉。这是最基本的锉削方法，采用此法时应让锉刀沿着工件表面横向或纵向移动，锉刀始终是朝一个方向推进。不大的平面和最后锉光都用这种方法，以得到正、直的刀痕，其挫纹会非常清晰，纹理一致，美观好看。

②交叉锉是从两个以上不同方向交替锉削的方法，锉刀运动方向与工件成 50°~60°角。交叉锉可增大锉刀与工件的接触面积，提高锉削效率。交叉锉整体平面度好，不过表面细节稍差，它适用于平面的粗锉和半精锉。

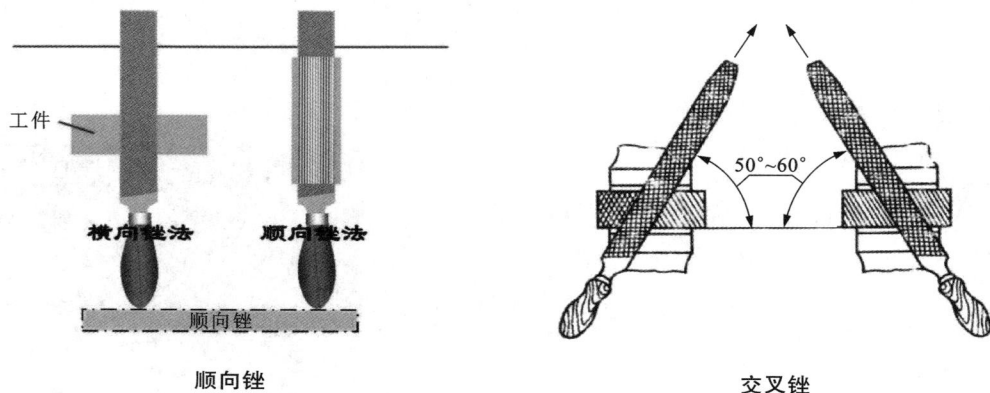

顺向锉

交叉锉

推锉是双手横握锉刀往复锉削的方法。推锉时的运动方向不是锉齿的切削方向，且不能充分发挥手的力量，故切削效率不高，只适合于余量小的场合。

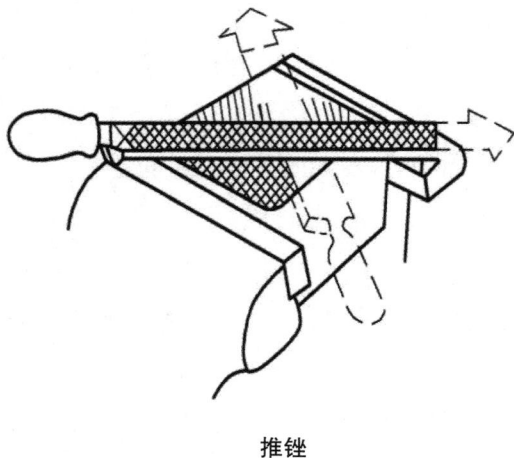

推锉

【劳动任务 2】钳工创意制作

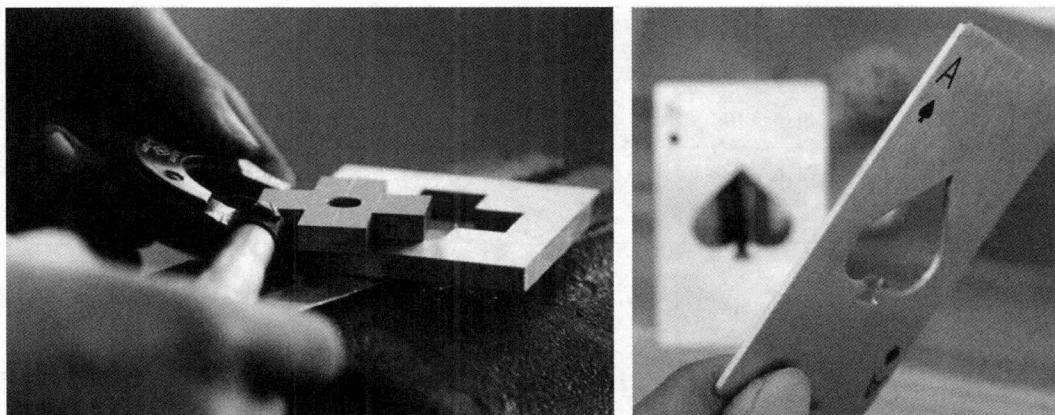

钳工创意制作

□劳动过程

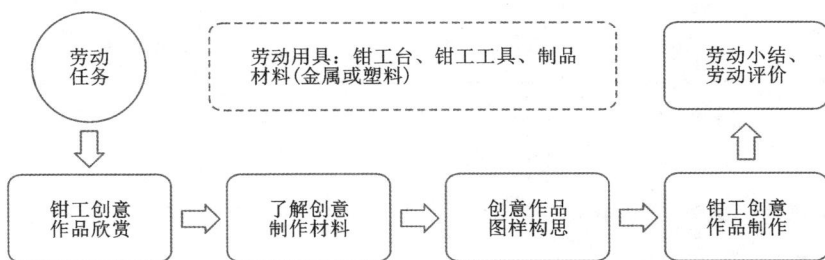

钳工创意制作劳动过程

□劳动点拨

钳工创意制作与常规性钳工制作在使用钳工工具操作方面的要求是一致的，其主要区别在于需要进行创意图样构思，即设计出与众不同的东西，比如各种创意起瓶器、创意书立和创意小摆设等。

【劳动评价】

"钳工台上制作"劳动素养评价表

评价项目	评价要求	自我评价	小组评价	师长评价	备注
劳动观念	钳工生产劳动价值认识				
劳动能力	钳工手锤运用技能				
	钳工手锯运用技能				
	钳工手锉运用技能				
	钳工台上制作过程中的创意能力				
劳动习惯	钳工台上制作程序				
	钳工台上制作次数				
劳动精神	钳工台上制作过程是否精益求精				

注：在表中空白处填写评价等级，分A（优秀）、B（良好）、C（一般）。

劳动创智

1. 创智之道：形状变异

世界上的事物可以有不同的形状。形状，表示特定事物或物质的一种存在或表现形式，如长方形、正方形，也指形象、外貌。

对于同一种产品，人们可以设计出不同的几何形状，即采用不同的线形（直线、圆弧和任意曲线）及其组合，表现出人们的创造性和审美观。

例如，我们在钳工台上进行起瓶器的创意制作，就可以设计制作出下图所示的不同形状的起瓶器。

形状变异也是一种创造技法，因为通过形状变异可以改变产品的使用性能，获得创造成果。

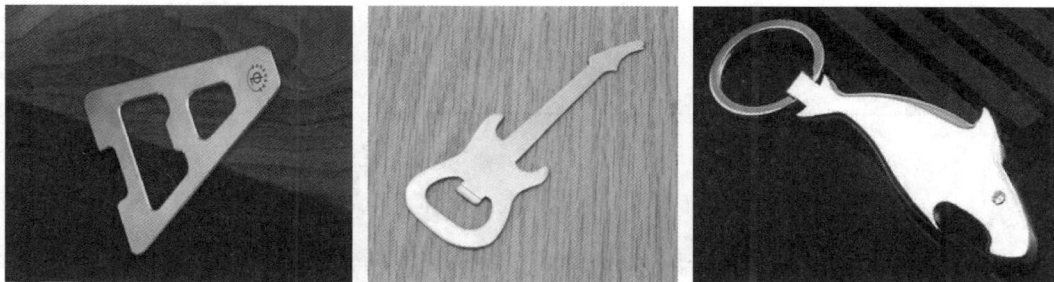

起瓶器

　　例如，传统的室内木地板都是直线形，后来有人匠心独具，开发出了曲线木地板。这种曲线木地板以力学原理为基础，通过槽嵌交合拼装而相互牵制木板间的变形压力，从根本上解决了木地板变形、起翘和裂缝等"顽疾"。而且，曲线木地板还具有线条流畅美观的特点。曲线木地板的脱颖而出给整个地板行业带来了一次全新的变革。

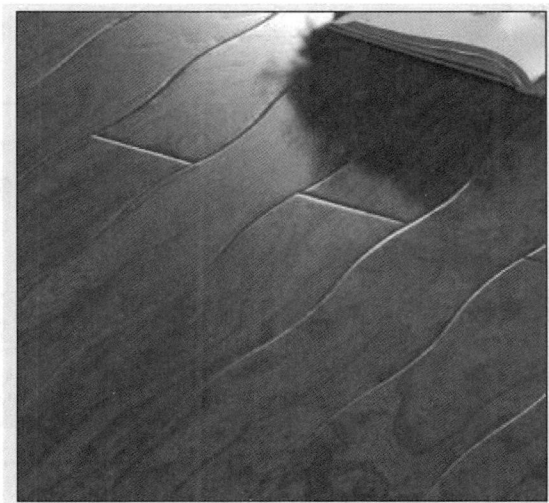

曲线木地板

　　由于长期的观察和接触，人们对某产品的形状往往有一种"常规认知"，甚至"标志认知"，从而形成形状方面的思维定式。因此，在劳动过程中如果想运用形状变异法，首先要突破事物形状上的认知障碍，其次是需要对事物变形能否产生质的变化进行科学分析。

2. 创智之思

（1）钳工制作右图所示的奖杯，需要准备什么材料？需要采用哪些钳工步骤？

（2）左图所示的开瓶器在设计上有何特点？钳工制作需要采用什么材料？经过哪些工序？

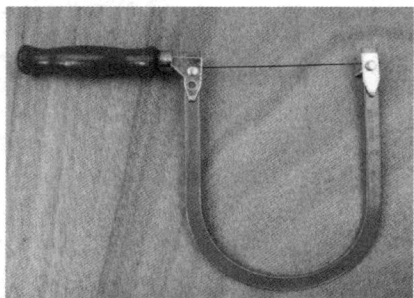

（3）右图所示的钳工工具是做什么用的？在结构上有何特点？

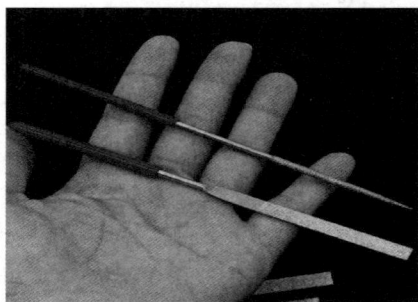

（4）观察左图所示的钳工工具，说说它们的用途和使用特点。

4.3　电动工具使用

劳动聚焦

1. 自主阅读

电磁效应发现与电动机发明

人类在从机械化走向电气化的过程中，电动机的发明是一项重要的变革，它的诞生与丹麦物理学家奥斯特和英国物理学家法拉第的贡献密切相关。

汉斯·奥斯特 1777 年 8 月 14 日诞生于丹麦的一个药剂师家庭，17 岁以优异的成绩考入哥本哈根大学，1799 年获博士学位，1806 年起任哥本哈根大学物理学教授。

1820 年 4 月，奥斯特在实验时发现，当有电流流过导线时，靠近它的普通罗盘的磁针便会偏移。奥斯特感悟到了这种电磁效应，便撰写了论文《关于磁针上电冲突作用的实验》，论文公开发表后，震惊了欧洲物理学界。

奥斯特因发现电磁效应获得英国皇家学会科普利奖章。

奥斯特

迈克尔·法拉第 1791 年 9 月 22 日诞生于英国的一个贫苦铁匠家庭。由于贫困，法拉第家里无法供他上学，因此法拉第幼年时没有受过正规教育，只读了两年小学。1804 年，为生计所迫，他到一个书商兼订书匠的家里当学徒。订书店里的书籍很多，法拉第带着强烈的求知欲望，如饥似渴地阅读着各类书籍，汲取了许多自然科学方面的知识，尤其是《大英百科全书》中关于

电学的文章，强烈地吸引着他。他努力地将书本知识付诸实践，利用废旧物品制作静电起电机，进行简单的化学和物理实验。重视实践尤其是科学实验，在法拉第一生的科学活动中得以贯彻始终。1821 年，法拉第对奥斯特的电磁效应苦苦思索，终于确定电和磁之间有一种明显的关系。经过许多实验之后，他试制出了自己的"电转"，即符合现代观念的早期电动机。可以说，法拉第于 1831 年发明出电动机。

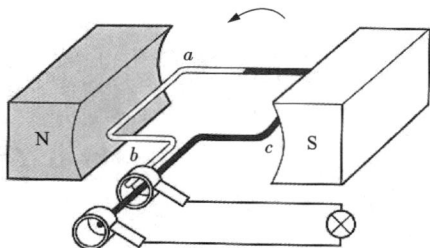

法拉第与电动机

2. 问题思考

(1)从电动机的发明历史中，我们得到了什么启示？

(2)电动工具使劳动强度大为降低，你使用过哪些电动工具？

劳动视野

1. 电动工具的发展

1895 年，德国泛音制造出世界上第一台直流电钻。它的外壳用铸铁制成，能在钢板上钻 4 毫米的孔。随后出现了三相工频（50 赫兹）电钻，但电动机转速没能突破 3000 转/分。

首台直流电钻

1914 年，出现了单相串励电动机驱动的电动工具，电动机转速达 10000 转/分以上。

1927 年，出现了供电频率为 150～200 赫兹的中频电动工具，它既有单相串激电动机转速高的优点，又有三相工频电动机结构简单、可靠的优点，但因其需用中频电流供电，所以使用受到限制。

20 世纪 60 年代，随着电池制造技术的发展，出现了用镍镉电池作为电源的无线电池式电动工具，但当时因价格昂贵，发展较慢。到 20 世纪 70 年代中后期，因电池价格降低，充电时间缩短，这种电动工具在欧美、日本得到广泛使用。电动工具最初用铸铁作外壳，后改用铝合金作外壳。20 世纪 60 年代，热塑性工程塑料在电动工具领域获得应用，并实现了电动工具的双重绝缘，保障了电动工具的使用安全。由于电子技术的发展，60 年代还出现了可以电子调速的电动工具。

2. 电动工具类型

根据《2013—2017 年中国电动工具行业产销需求预测与转型升级分析报告》统计，电动工具主要分为金属切削电动工具、研磨电动工具、装配电动工具和铁道用电动工具。常见的电动工具有电钻、电锤、电动螺丝刀、电动扳手和电刨等。

（a）电钻

（b）电锤

（c）电动螺丝刀

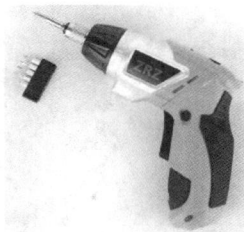
（d）电动扳手

（e）电刨

电动工具

3. 产品认证

为提高电动工具的产品质量，维护用户的经济利益，保障人身安全，增强电动工具产品在国际市场上的竞争能力，原机械工业部、商业部、国家商检局、物质局于 1986 年 5 月联合发出通知，决定对电动工具产品实行强制的安全认证。从 1988 年 7 月 1 日起，对电钻、冲击电钻、电锤、电镐、电动角向磨光机、电动手持式直向砂轮机、模具电磨、电动砂光机、电圆锯、电剪刀、电冲剪、电动攻丝机、电刨、电动刀锯、电动曲线锯、电动螺丝刀这 16 种产品实施第一批强制认证。

凡企业持有合格证书，产品上有合格标志的电动工具产品才允许生产和销售。电动工具产品的认证有效期为 5 年。

劳动实践

★劳动项目：电动工具使用

【劳动目标】

（1）通过电动工具使用，了解工人劳动的艰辛。

（2）通过电动工具使用，掌握电动工具的技能。

（3）通过工具创意使用，激发创造性劳动志趣。

【劳动任务 1】电钻创意使用

电钻创意钻孔

□劳动过程

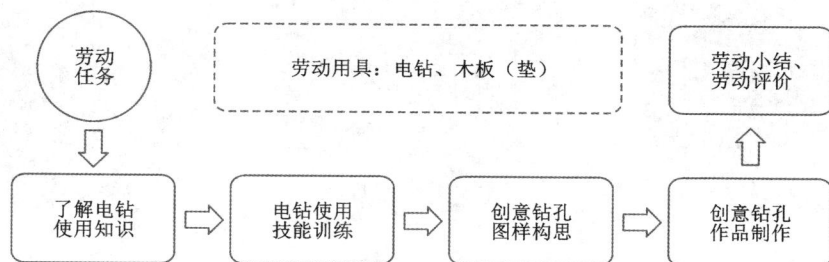

电钻创意使用劳动过程

□劳动点拨

(1)手电钻简介。

手电钻是一种携带方便的小型钻孔用工具,适用于金属材料、木材、塑料等的钻孔作业。它由小电动机、控制开关、钻夹头和钻头几部分组成。

当装有正反转开关和电子调速装置时,手电钻可用作电螺丝批。有的型号配有充电电池,可在一定时间内在无外接电源的情况下正常工作。

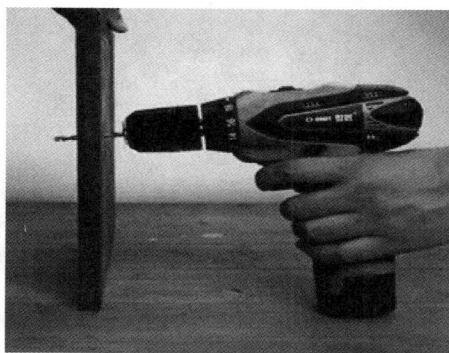

手电钻

(2)手电钻钻头的更换方法。

①右手拿住电转,左手转动夹头,以钻头可以插入夹头为准。

②左手把钻头放入夹头中,右手向内转动夹头,使夹头夹住钻头。

③左手拿稳机身,右手将钥匙插入钥匙口,顺时针转动钥匙,使夹头夹紧钻头。

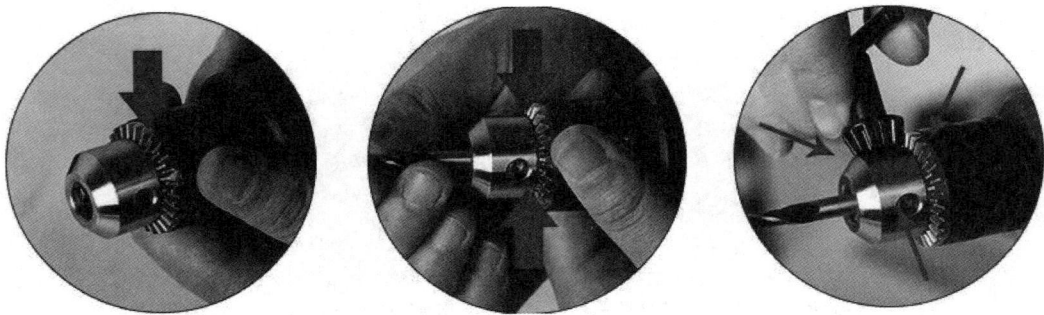

钻头更换过程

（3）手电钻操作步骤与操作技巧。

①选取带有钻夹头钥匙、功率合适的手电钻，准备好钻头。

②请电工检查手电钻是否漏电，并接上电源。

③用钥匙夹紧钻头，并取下钥匙。

④戴好橡胶绝缘手套，打开手电钻开关，查看手电钻运转是否正常。

⑤用钻头抵住工件钻孔冲眼，找正钻头与工件加工表面的垂直位置，保持正确的钻孔姿势，双手稳握手电钻，接通开关，试钻一浅坑。

⑥检查孔位是否正确。若有偏差，调整钻头角度，修正孔位中心，若无偏差则均匀加力，进刀钻孔。

⑦钻孔时，手电钻不要摇晃，应时常退刀清除切屑。通孔钻到底部时，要缓慢进刀。

⑧钻孔结束后，卸下钻头，及时拆掉电源线或拔下电源开关，并整理好电源线。

⑨清理工作现场。

（4）手电钻使用禁忌与注意事项。

①手电钻工作时，电源线应放置在不易被人拌着或踩着的地方。

②使用前，须开机空转1分钟，检查传动部件是否正常，如有异常，应排除故障后再使用。

③钻孔时，一定要双手握紧手电钻，否则容易发生人身安全事故。

④使用手电钻时，应轻拿轻放，避免摔坏外壳。

⑤手电钻应定期进行检查，对各部件发现的问题要及时进行处理，并注意做好维护保养。

【劳动任务 2】电锤的使用

电锤应用

□劳动过程

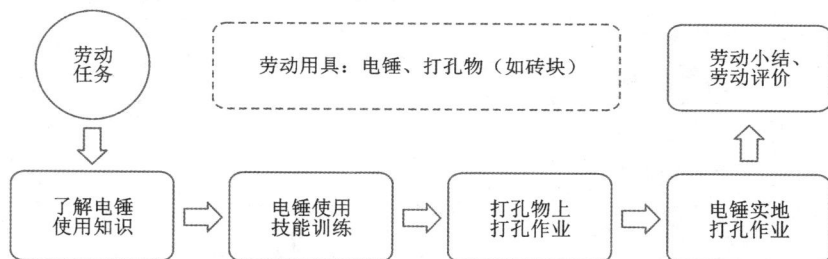

电锤使用劳动过程

□劳动点拨

电锤是电钻的一类，主要用来在混凝土、楼板、砖墙和石材上钻孔。作业前应注意的事项：(1)确认现场所接电源与电锤铭牌是否相符，是否接有漏电保护器；(2)钻头与夹持器应适配，并妥善安装；(3)钻凿墙壁、天花板、地板时，应先确认有无埋设电缆或管道；(4)确认电锤上的开关是否切断，若电源开关接通，则插头插入电源插座时，电动工具将立刻转动，从而可能导致人员受伤。

使用电锤时要做好个人防护，包括：(1)操作者要戴好防护眼镜，以保护眼睛，当面部朝上作业时，要戴上防护面罩；(2)长期作业时要塞好耳塞，以减轻噪声的影响；（3）长期作业后钻头处在灼热状态，在更换时应注意，避免灼伤肌肤；（4）作业时应使用侧柄，双手操作，以避免旋转时反作用力扭伤胳膊；（5）站在梯子上工作或高处作业时应做好高处坠落防范措施，梯子应有地面人员扶持。

【劳动评价】

"电动工具使用"劳动素养评价表

评价项目	评价要求	自我评价	小组评价	师长评价	备注
劳动观念	电动工具使用劳动价值认识				
劳动能力	电钻使用的技能				
	电锤使用的技能				
	其他电动工具使用的技能				
	电动工具使用中的创意能力				
劳动习惯	电动工具使用程序				
	电动工具使用次数				
劳动精神	作品制作过程是否精益求精				

注：在表中空白处填写评价等级，分 A（优秀）、B（良好）、C（一般）。

劳动创智

1. 创智之道：微型化

对于手持式电动工具，应设计得尺寸小、重量轻，以方便用手操作。

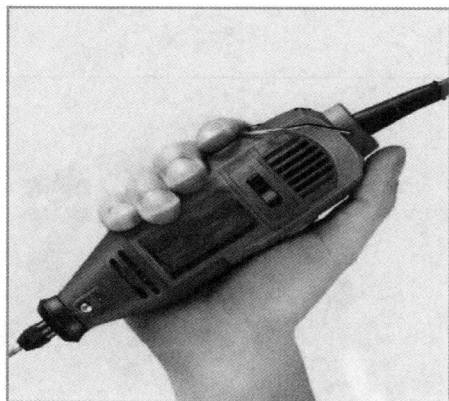

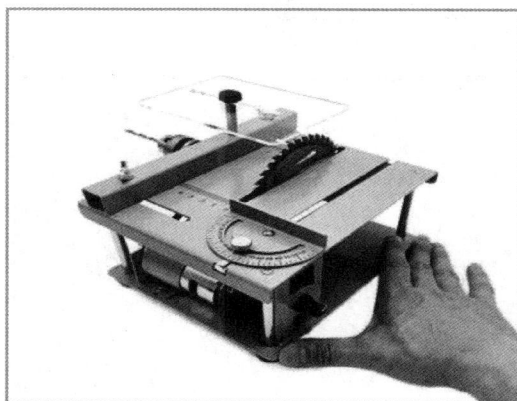

小型电动工具

　　尺寸作为产品形状的几何参数之一，也可能成为创新设计的切入口。例如，下图所示的迷你电风扇、微型洗衣机、微型电磁炉就是家电微型化设计的例子。在强调低碳生活的时代里，具有轻、薄、短、小特征的产品也会得到消费者的青睐。

微型家电

　　但基于创新的微型化设计，不是简单的尺寸缩小，因为这可能涉及技术方面的限制，或者说在微型化设计中需要解决碰到的新问题。

2. 创智之思

（1）观察右图所示的钻头，说说将它装在电钻上有什么作用。

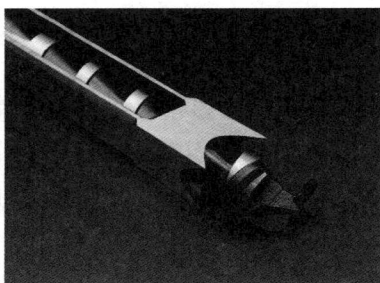

（2）左图所示的木工钻头能够钻出什么样的孔来？

（3）右图所示为一种微型家电，试说说它的用途。

（4）观察左图，如果运用缩放法创新，你会有什么创意？

4.4　3D 打印见习

劳动聚焦

1. 自主阅读

3D 打印技术

目前，很多人都知道 3D 打印，见过用 3D 打印机制造出来的东西，但是很少有人知道美国科学家查克·赫尔(Chuck Hull)对 3D 打印技术推广应用的突出贡献。

赫尔 1939 年 5 月 12 日出生于美国。1983 年，他基于分层制造的创意研发出 SLA 3D 打印技术，并将它称作立体平版印刷。1984 年，赫尔将此项技术申请了美国专利。1986 年，他成为美国 3D System 公司的联合创始人之一，执行副总裁，兼首席技术官。当年，该

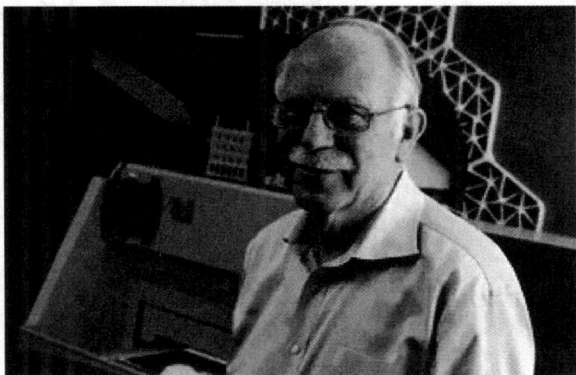

查克·赫尔

公司年开发了第一台商用 3D 打印机。2014 年 5 月，查克·赫尔进入美国专利商标局的发明家名人堂，还获得欧洲发明家大奖提名。

1996 年，得克萨斯州维尔福尔医疗中心的外科医生为一对共享大腿骨的连体双胞胎做手术，原以为只有一个连体女孩能够在手术后行走。然而，由于赫尔 1986 年发明的 3D 打印机可以打印出与人的骨骼结构完全相同的人造骨骼，外科医生们便在对连体双胞胎进行分离的同时植入人造骨骼，康复后，双胞胎居然都能下地走路。这一外科医学上的创举成为当年轰动社会

的特大新闻。

纵观 3D 打印技术的发展，除了赫尔的开创性贡献之外，还有不少科学家在这方面做出过创新成果。

1993 年，麻省理工学院获 3D 印刷技术专利。

1995 年，美国 ZCorp 公司从麻省理工学院获得唯一授权，并开始开发 3D 打印机，并于 2005 年研制成功首台高清晰度的彩色 3D 打印机 Spectrum。

2010 年 11 月，美国 Jim Kor 团队打造出的世界上第一辆由 3D 打印机打印的汽车——Urbee 问世。

2011 年 8 月，南安普顿大学的工程师们制造出世界上第一架 3D 打印的飞机。

3D 打印汽车 Urbee

2019 年 4 月 15 日，以色列特拉维夫大学研究人员以病人自身的组织为原材料，3D 打印出全球首颗拥有细胞、血管、心室和心房的"完整"心脏，这在全球尚属首例。

2. 问题思考

(1) 3D 打印的发明具有怎样的意义？

(2) 3D 打印究竟是一种什么技术？

(3) 3D 打印与学校创造性劳动教育有什么联系？

劳动视野

1.3D 打印原理

日常生活中使用的普通打印机可以打印电脑设计的平面物品，而 3D 打印机与普通打印机工作原理基本相同，只是打印材料有些不同。普通打印机的打印材料是墨水和纸张，而 3D 打印机内装有金属、陶瓷、塑料、砂等不同的"打印材料"，是实实在在的原材料。打印机与电脑连接后，通过电脑控制，可以把"打印材料"一层层叠加起来，最终把计算机上的蓝图变成实物。通俗地说，3D 打印机是可以"打印"出真实的 3D 物体的一种设备，比如打印机器人、玩具车、各种模型，甚至是食物等。之所以通俗地称其为"打印机"是因为其参照了普通打印机的技术原理，其分层加工的过程与喷墨打印十分相似。而这项打印技术称为 3D 立体打印技术。

3D 立体打印

3D 立体打印的设计过程为：先通过计算机软件建模，再将建成的三维模型"分区"，形成逐层的截面，即切片，从而指导打印机逐层打印。

打印机通过读取文件中的横截面信息，用液体状、粉状或片状的材料将这些截面逐层打印出来，再将各层截面以各种方式黏合起来，从而制造出一个实体。这种技术的特点在于其几乎可以造出任何形状的物品。

传统的制造技术(如注塑法)可以以较低的成本大量制造聚合物产品,而3D打印技术则可以以更快、更有弹性以及更低成本的办法生产数量相对较少的产品。一台与桌面尺寸相仿的3D打印机就可以满足设计者或概念开发小组制造模型的需要。

3D打印机的分辨率对大多数应用来说已经足够(在弯曲的表面可能会比较粗糙,像图像上的锯齿一样),更高分辨率的物品可以通过如下方法获得:先用3D打印机打出稍大一点的物体,再经过表面打磨即可得到表面光滑的"高分辨率"物品。

2.3D 打印的应用

2014年11月末,3D打印技术被《时代》周刊评为2014年25项年度最佳发明,它的确是一种"巧夺天工"的技术。3D打印技术已先后进入珠宝、医疗行业,未来可应用的范围会越来越广。但是由于它受到材料限制、机器限制和知识产权的困扰,3D打印更适合一些小规模制造,尤其是高端的定制化产品,比如汽车零部件的制造。

值得指出的是,3D打印机走进校园,让学生在创造性劳动中将自己的创意、想象变为现实,这对发展学生动手和动脑的能力,实现学校培养方式的变革具有积极的意义。

劳动实践

★劳动项目:3D 打印见习

【劳动目标】

(1)通过3D打印见习,了解高新技术原理。

(2)通过3D打印见习,了解技术应用过程。

(3)通过3D打印应用,激发科技创新志趣。

【劳动任务】3D 打印见习

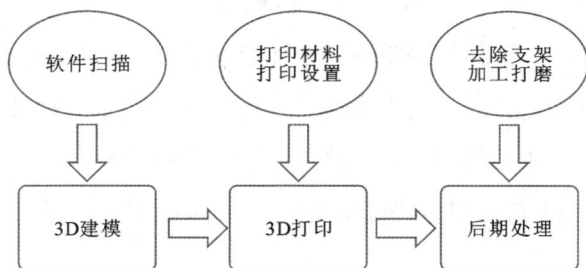

3D 打印过程

□劳动过程

3D 打印见习过程

□劳动点拨

3D 打印其实就是把你设计好的零件模型用三维立体的形式表达出来，再将数字模型导出到 3D 打印机中，然后打印出实体的模型。所以 3D 打印的流程主要分三步：首先是获取模型，然后是模型的 3D 打印，最后还要对模型进行系列的后期处理。

模型的获取主要有三种方式。第一种就是自己设计，利用 SolidWorks、3ds Max 等三维动画软件建立起个性化的三维模型。第二种就是对已有的物体进行三维的扫描重建。目前三维扫描技术已经十分成熟，可以通过手持式 3D 扫描仪轻松地扫描出人脸、牙齿、汽车等模型。第三种是网络模型库里的全世界的 3D 打印爱好者上传的精美模型，比如北极熊、3D 打印虎等。

在打印的时候，需要注意的事项有：(1) 打印机的设置，要根据打印的需要更换所需的材料,并进行打印平台的调平;(2)在打印软件中设置好打印参数,比如喷头的温度、热床的温度、打印的速度等;(3)要在各类参数设置完成以后再开始进行打印。

后期处理包括三个步骤:(1)打印完成后模型沉积在打印平台上,贴合较为紧密,需要将模型小心地取下;(2)取下模型后可以观察到模型上有多余的支撑材料以及一些小的毛刺,需要用小型的美工刀将其小心去除;(3)表面处理可能会涉及表面的打磨、表面的喷砂或表面抛光等作业。

【劳动评价】

"3D打印见习"劳动素养评价表

评价项目	评价要求	自我评价	小组评价	师长评价	备注
劳动观念	科技劳动的价值认识				
劳动能力	3D打印原理的理解				
	3D打印机结构的认知				
	3D打印过程习得能力				
	3D打印习得中的创意能力				
劳动习惯	3D打印见习程序				
	3D打印见习次数				
劳动精神	3D打印见习体验是否精益求精				

注:在表中空白处填写评价等级,分A(优秀)、B(良好)、C(一般)。

劳动创智

1. 创智之道: 材料变更

3D 打印材料的分类方式较多, 比如按材料的化学性能分类, 可分为树脂类材料、石蜡材料、金属材料、陶瓷材料及其复合材料等。目前常用的 3D 打印材料主要有光敏树脂、尼龙材料、铝合金、钛合金、不锈钢、橡胶等, 这些材料各有特点, 能够在 3D 打印机的支持下制造出各种不同的产品, 满足不同企业和用户的产能需求。

材料, 乃产品的物质基础之一。生产中使用的材料很多, 可以有不同的分类方法, 如将材料分为金属材料、非金属材料和特种材料, 或将材料分为结构材料与功能材料、传统材料与新型材料等。

结构材料是以力学性能为基础, 用来制造受力构件的材料。当然, 结构材料对物理或化学性能也有一定要求, 如光泽、热导率、抗辐照、抗腐蚀、抗氧化等。功能材料则主要是利用物质的独特物理、化学性质或生物功能等形成的一类材料。当然, 一种材料往往既是结构材料, 又是功能材料, 如铁、铜、铝等。

传统材料是指那些已经成熟, 在工业中批量生产并大量应用的材料, 如钢铁、水泥、塑料等。这类材料由于量大、产值高、涉及面广, 是很多支柱产业的基础, 所以又称为基础材料。新型材料是指新出现的或正在发展中的, 具有传统材料所不具备的优异性能和特殊功能的材料; 或采用新技术(工艺、装备), 使传统材料性能有明显提高或产生新功能的材料。一般认为满足高技术产业发展需要的一些关键材料也属于新材料的范畴, 如纳米材料、高温超导材料、稀土材料等。

由于材料不同, 产品的功能或性能也会有所区别。因此, 通过突破思维定式, 改变原产品传统材料或采用新材料, 也可以改进新型产品或开发新型产品。这种创新技法就是材料变更法。

例如, 用玻璃造观景桥, 用形状记忆合金制造管道密封件, 用纳米材料做伞面, 等等, 都是材料变更创新的例子。

2. 创智之思

（1）根据你的理解，说说 3D 打印的优点和缺点。

（2）有同学在 3D 打印机上打印出一个海螺，怎样才能使其成为小发明作品？

（3）利用 3D 打印技术和新材料，能否开发出文旅创产品？试举例说明。

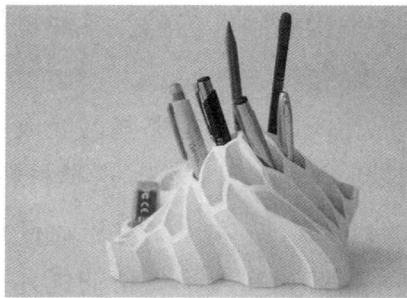

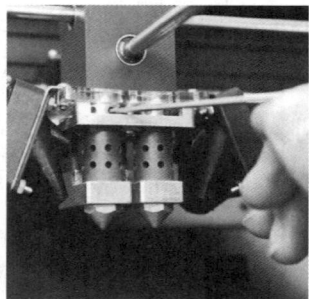

（4）有人想在 3D 打印机喷头处安装微型视觉传感器，猜猜他想干什么。你认为这样能否产生科技创新成果？为什么？

第 5 章 发明创造劳动

　　美国科学家富兰克林说："我们在享受着他人的发明给我们带来的巨大利益外，也必须乐于用自己的发明去为他人服务。"发明并不神秘，在劳动实践的过程中，只要我们充分发挥主观能动性和创造性，善用改进、组合和移植等发明创造技法，就可以获得发明创造成果，在青少年科技创新大赛活动中展示作品魅力，放飞青春梦想。

5.1 改进型发明

劳动聚焦

1. 自主阅读

席梦思弹簧床垫

1870 年，当人们还席地而睡或者睡在层层被褥垫高的木板床上时，美国的席梦思先生（Mr. Zalmon G. Simmons）匠心独具地发明出一种钢丝床垫，力图改变人类的睡眠品质。

随后，席梦思创立了 Simmons 公司，生产、经营床垫。发展到 1895 年，席梦思公司成为当时全球最大的钢丝床垫生产商。

1925 年，Simmons 公司成功设计出革命性的独立袋装弹簧床垫，其中的独立袋装弹簧可以独立移动，能根据人体轮廓形成完好的支

席梦思弹簧床垫

撑，其舒适的睡感体验很快在全世界掀起了一场前所未有的"睡眠革命"。

当时，美国第一夫人埃莉诺·罗斯福女士、汽车大王亨利·福特、大发明家托马斯·爱迪生等名人相继为 Simmons 公司的新床垫免费代言，称赞该公司生产的弹簧床垫实在"好睡"。有了名人们的代言，弹簧床垫逐渐成为全球各种豪华游轮和高级酒店的选择。

1935 年，Simmons 公司正式在上海开办了工厂，并在这里着力宣传 Simmons 床垫带来的奢华享受，先施、永安等大型百货公司都在出售 Simmons 床垫。Simmons 公司也经常在《申报》上刊登广告。软软的弹簧床

垫、宽大的沙发、精致的地毯，纷纷被沪上名流、文人还有电影明星们搬进家里，也是很多寻常百姓的梦想。1938年以后，因为战争，Simmons弹簧床垫淡出了中国市场。

改革开放之后，我国企业也先后推出各种品牌的钢丝床垫，并逐步进入千家万户。对这类弹簧床垫，消费者一般称其为"席梦思"。

2.问题思考

（1）席梦思床垫是一种发明，它为什么是发明？

（2）市场上先后出现了哪些新床垫？这说明了什么？

（3）举一反三，你在床垫这个产品的改进创新方面有何创意？

劳动视野

发明的基本知识

（1）发明的基本特征。

发明创造，无时不有，无处不在。提到古代中国的发明成果，你一定会情不自禁地想到四大发明——指南针、火药、造纸术和活字印刷。如果问当代中国有哪些发明让人津津乐道，那就不得不提令外国留学生最羡慕的中国"新四大发明"——高速列车、共享单车、网络购物和扫码支付。

古代四大发明

中国"新四大发明"

什么是发明？简单地说，发明是做出的前所未有的人工事物。在这一概念中，包含两个关键点：

其一，发明成果是"人工事物"，是人类劳动创造的结晶，不是先天就有的东西，如天上的星星、空气中的氧气和地下的矿物等就不在此列。

其二，发明成果是前所未有的东西。模仿已有的东西再去制作技术原理和结构形态基本相同的东西，虽然有用，但不能算发明。

如果对发明进行理性思辨，则得知发明创造具有以下基本特征：

①发明创造属于技术领域的创造活动，有别于科学发现。

②发明创造的基本形态是一种新的技术方案，新颖性和创造性是它的灵魂。新颖性就是指技术方案前所未有；创造性意味着技术方案匠心独具，非显而易见。

③发明创造具有功利性。发明者更关心发明创造成果能否转化为新产品、新工艺，以产生直接的经济价值与社会价值。因此，发明创造比科学发现更容易受到社会、经济、文化等条件的影响。

（2）发明的基本类型。

发明创造的范围广阔无比，发明创造成果遍布一切领域。

从发明成果的形态上看，可分为产品型发明和方法型发明两大类。产品型发明是指经过发明人创造性构思制成的各种物质性成果，如机械、仪表、器械、合成物、生活用品等。方法型发明则是指用以制造产品的各种工艺性技术方案，运用这种技术方案能使物质状态发生变化，如金属零件的切削方法、无土栽培蔬菜方法和污水处理方法等。

金属车削

无土栽培

如果从发明的技术演变过程来分类，则有开创性发明与改进性发明之分。从无到有、在世界上第一次出现的人工事物是开创性发明；对已有的事物进行局部改进、组合、移植等方式获得的新产品或新技术，则属于改进性发明。世界上出现的大多数发明创造属于改进型发明，它们对社会进步和经济发展同样产生了重要的作用。

（3）发明创造的过程。

世上的发明创造不计其数，个人完成发明创造的具体过程也会不同，但是可以概括出下图所示的发明创造过程模式。

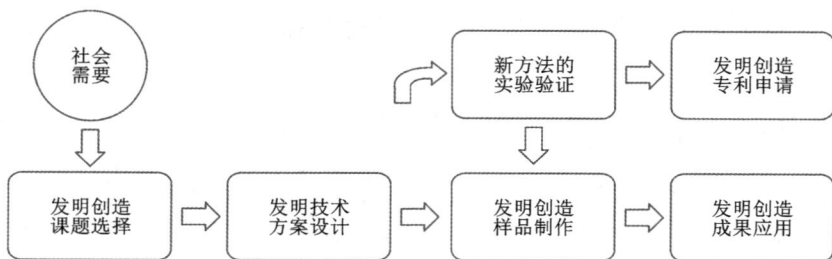

发明创造过程模式

任何发明创造都源自社会需要，所谓"需要是发明之母"，就是如此。通过社会调查和发散思维，我们可以从社会需要中生成若干有待解决的问题，进而将需要解决的问题转化为发明创造的课题（项目）。技术方案设计是将发明设想转化为技术图示和技术说明，架设从创意到产品的桥梁。发明过程中可能需要进行实验或试验，以证明新创意的可行性。有了技术方案就可以考虑发明创造专利申请。根据技术方案制作样品，就可以将发明创造成果转化为新产品。

对青少年来说，有了发明创造作品，就可以考虑参加相关的科技创新大赛活动，挑战金牌，放飞梦想。

 劳动实践

★劳动项目：改进型发明

【劳动目标】

(1)通过改进型发明应用，了解发明创造价值。

(2)通过改进型发明体验，掌握改进型发明技法。

(3)通过改进型发明创意，激发改进型发明志趣。

【劳动任务 1】产品改进创意

思考：席梦思床垫存在哪些缺点需要改进呢？

创意：你对此产品有什么新的想法或创意吗？

产品改进创意

□劳动过程

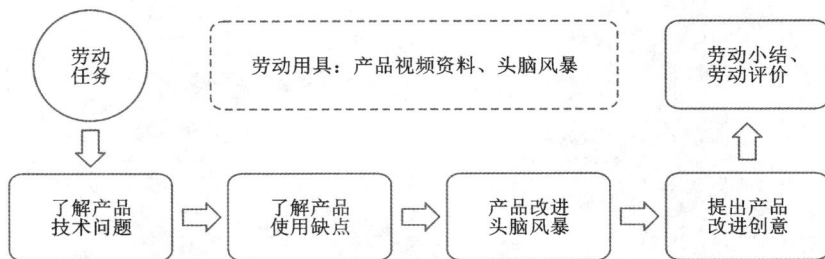

产品改进创意活动过程

□劳动点拨

产品改进创意，出发点是改进产品存在的缺点。俗话说：金无足赤，人无完人。世界上任何事物都不可能十全十美，总存在这样或那样的缺点，而人们总是期望事物能至善至美。这种客观存在着的现实与愿望之间的矛盾，是推动人们进行创造的一种动力。如果有意识地分析、列举现有事物的缺点，并提出改进设想，就有了创意，在此基础上就可以进行改进型发明创造。

席梦思改进创意示例：

对传统的席梦思床垫进行改进创意时，可以通过头脑风暴会研讨出若干想法。然后对想法进行分析，排除前人或他人已提出过的想法，将具有新颖性、创造性和实用性的想法留下作为改进创意。

【例】席梦思床垫的缺点及改进创意。

缺点列举：席梦思床垫体积大，重量不轻，移动、搬运困难；不透气，影响身体健康；硬度固定，适应不了不同需求；弹簧结构复杂，成本偏高；不便清洁，容易滋生螨虫。

折叠式席梦思

改进创意：采用乳胶材料取代金属弹簧制作床垫；将整体结构改为可折叠结构；采用软面和硬面组合床垫；采用充气式席梦思床垫；设计空调式床垫；设计智能化除潮灭螨床垫。

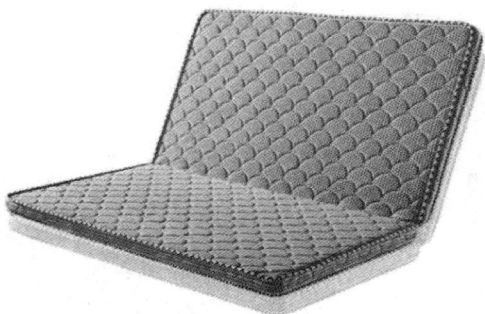

【劳动任务2】改进型发明作品制作

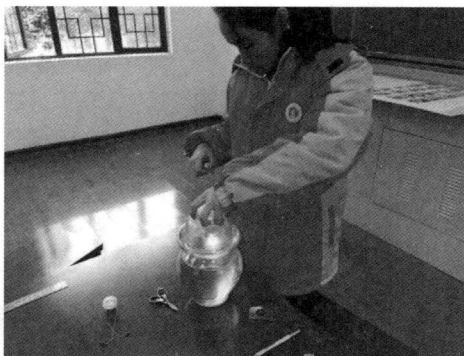

改进型发明作品制作

□劳动过程

```
   ┌──────┐
   │ 劳动 │        ┌ ─ ─ ─ ─ ─ ─ ─ ─ ─ ─ ─ ─ ─ ─ ─ ┐     ┌──────────┐
   │ 任务 │        │ 劳动用具：发明作品图样、制作材料和工具 │     │ 劳动小结、│
   └──────┘        └ ─ ─ ─ ─ ─ ─ ─ ─ ─ ─ ─ ─ ─ ─ ─ ┘     │ 劳动评价 │
      ↓                                                    └──────────┘
                                                                ↑
 ┌──────────┐    ┌────────┐    ┌────────┐    ┌────────┐
 │ 了解发明的 │ ⇒ │ 分析发明 │ ⇒ │ 准备制作 │ ⇒ │ 发明作品 │
 │ 基本情况 │    │ 作品结构 │    │ 材料、工具 │    │ 模型制作 │
 └──────────┘    └────────┘    └────────┘    └────────┘
```

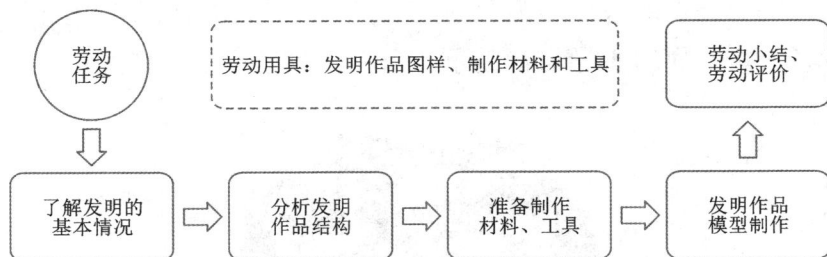

改进型发明作品制作过程

□劳动点拨

一种会呼吸的泡菜坛盖示例：

(1)了解发明背景及技术方案。

泡菜是一种民间传统食品，制作泡菜需要泡菜坛。在制作泡菜的过程中，人们发现泡菜坛中偶尔会产生白沫，致使坛中的泡菜会变坏。基于这种情况，人们发明出一种会呼吸的泡菜坛盖。

该泡菜坛盖由盖体、控制部分、化学反应部分组成。盖体由泡菜坛盖和其内顶部倒立的、能与下端化学反应杯固定的螺口结构组成。控制部分由坛盖外面顶部的磁铁、固定于坛盖内顶部的绳子及穿于其中的磁铁和下部的碳酸钙粉末包组成。化学反应部分由一个能通过螺口固定于盖体顶部的杯体构成，杯体上部有许多小孔，杯体内可盛放白醋。

利用磁铁原理固定碳酸钙包于盖体内顶部，再固定好盛有白醋的化学反应杯，然后盖好坛盖后拿开坛盖外面顶部的磁铁，碳酸钙包掉入白醋内发生化学反应产生二氧化碳，二氧化碳经杯体小孔排出，由于二氧化碳密度大于氧气和氮气，就下降到底部覆盖住泡菜液体表面，形成发酵部分缺氧的状态，有利于乳酸菌迅速大量繁殖，从而达到避免白沫产生，提高泡菜质量的目的。

1.坛子盖体
2.化学反应杯
3.排气孔
4.基座
5.固定绳
6.碳酸钙粉末包
7.磁铁

泡菜坛盖设计方案

设计的技术方案如右图所示。

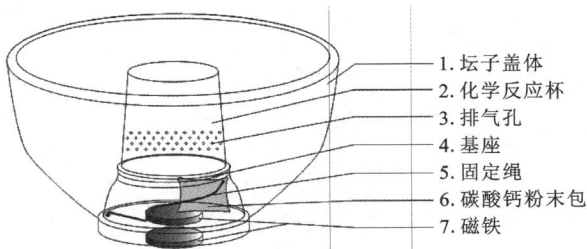

（2）装置的制作。

按设计的方案，购买制作泡菜坛所需要的材料，利用学校科技室的制作工具与设备，在老师的指导与帮助下，完成该改进型发明作品的制作。

作品模型

【劳动评价】

"改进型发明"劳动素养评价表

评价项目	评价要求	自我评价	小组评价	师长评价	备注
劳动观念	改进型发明劳动的价值认识				
劳动能力	改进型发明原理的理解				
	改进型发明的构想能力				
	改进型发明作品的制作技能				
	改进型发明的创意能力				
劳动习惯	改进型发明创造程序				
	改进型发明创造次数				
劳动精神	改进型发明创造作品是否精益求精				

注：在表中空白处填写评价等级，分A（优秀）、B（良好）、C（一般）。

劳动创智

1. 创智之道：缺点列举法

改进型发明创造，是基于缺点列举法的应用产生的。一方面，缺点列举法的特点是直接从社会需要的功能、审美、经济等角度出发，研究对象的缺陷，提出改进方案，且大都是围绕原事物的缺陷加以改进，因而通常不触动原事物的本质与总体，一般用在老产品的改进上；另一方面，缺点列举法也可用在还不够成熟的新设想和新发明上，以便发现缺点，加以改进或优化，使创意更加完善。

运用缺点列举法的根本目的不在列举缺点，而在改进创新。因此，要善于从列举的缺点中分析和鉴别出有价值的主要缺点以作为创造的目标。分析缺点的要点如下。

（1）分析缺点的影响程度。事物具有不同的缺点，而不同的缺点对事物的特性或功能有着不同程度的影响。影响程度大的是主要缺点，影响程度小的是次要缺点。列举缺点过程中要对缺点的影响程度进行分析。任何事物的矛盾都有其主要方面，主要缺点就是主要矛盾的主要方面，主要矛盾或者说主要缺点解决了，次要矛盾或者次要缺点就不难解决了。对于主要缺点，创造者需要花较多的时间与精力去深入分析，以思考新的创造课题、解决课题的方向和方法。当然，对次要缺点也需要进行一定的分析，因为有的次要缺点也可能有促使人们产生新创意的信息。

（2）缺点的表现形态。缺点一般有两种表现形态：显性缺点与隐性缺点。前者是大家容易看见或者想到的缺点，后者则不易被发觉或者目前大家还没有意识到的缺点。在列举缺点时，既要列举那些显而易见的缺点，更要善于发现那些潜伏着的、不易被人觉察到的缺点。在某些情况下，发现隐性缺点比发现显性缺点更有创造价值。例如，席梦思床垫的大和重是显

保健席梦思床垫

性缺点,容易滋生螨虫则是看不见的隐性缺点。在列举这一隐性缺点之后提出创意,就有了能够除螨的保健席梦思床垫的发明。

2. 创智之思

(1)右图所示的洗衣机有何特点,相对传统洗衣机它进行了什么改进?

(2)图示抽油烟机在设计上有何特点?设计者为什么要这样改进设计?

(3)观察右图,说说这是什么电器,列举它的隐性缺点并提出改进创意。

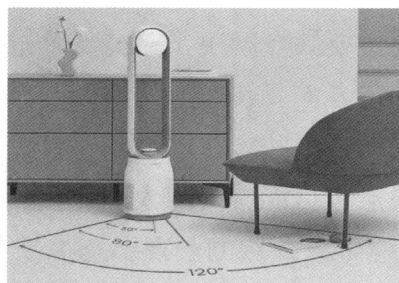

(4)观察橱柜,试运用缺点列举法列举其缺点,并提出某种改进创意。

5.2　组合型发明

劳动聚焦

1. 自主阅读

神奇的 CT

自从 X 射线发现后，医学上就开始用它来探测人体疾病。但是，由于人体内有些器官对 X 射线的吸收差别极小，所以 X 射线对那些前后重叠的组织的病变就难以发现。因此，20 世纪 60 年代的英美科学家对 X 射线技术的发展进行过大量的探究，但尚未找到突破性的解决方案。

在这种情况下，英国电子工程师赫斯菲尔德决定另辟蹊径，想到了"X 光技术+计算机技术"的创意：先利用 X 光射线将人体拍成一张张断层"照片"，然后把这些 X 光射线"照片"输入计算机，由计算机程序对这些由数据组成的信息进行处理和转化，以获得更全面的人体内部诊断信息。这项技术即后来所称的计算机断层(computed tomography，CT)扫描技术。

EMI 公司于 1968 年拨了一笔数额不大的经费资助赫斯菲尔德的创新研究项目。1969 年，赫斯菲尔德设计出世界上第一台综合了 X 光技术和计算机技术的 CT 设备，这台 CT 机简直可以说是用旧货市场上的东西拼凑出来的，虽然貌不惊人，但与传统的 X 光技术相比，它拍摄的人体内部照片更清楚、更全面。因为 CT 扫描可以显示出 X 光照不到的柔软组织，并克服了高密度物质(如骨骼)的遮盖效果，而这种高密度物质在传统 X 光照片中会遮住其后面的组织。

1971 年 9 月，赫斯菲尔德在伦敦郊外一家医院安装了他设计制造的 CT 设备，开始对病人进行头部检查。医院用 CT 检查了第一个病人，患者在完全清醒的情况下朝天仰卧，X 射线管装在患者的上方，绕着检查部位转动，同时在患者下方装一个计数器，使人体各部位对 X 射线吸收的多少反映在计数器上，再经过电子计算机的处理，使人体各部位的图像在荧屏上显示出来。这次试验非常成功。

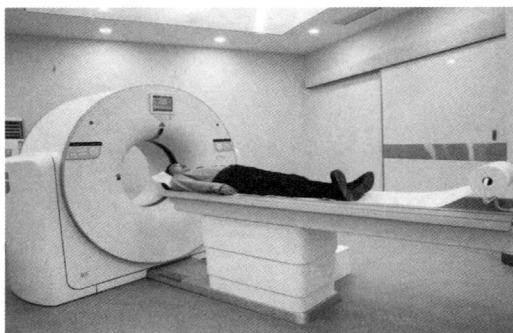

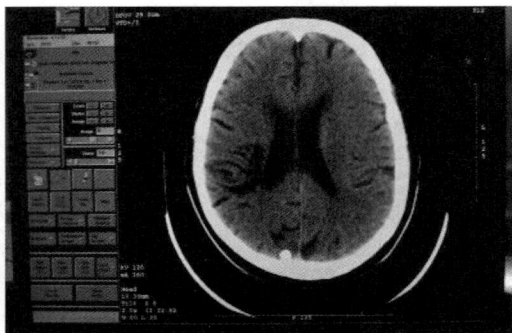

CT 扫描

1972 年 4 月，用于颅脑检查的 CT 设备诞生。赫斯菲尔德在英国放射学年会上首次公布了这一结果，正式宣告了 CT 设备的诞生，开创了一条医疗诊断学的崭新道路。由此，赫斯菲尔德荣获了 1979 年的诺贝尔医学奖。

2. 问题思考

（1）赫斯菲尔德的 CT 发明可以说是组合型发明的典型案例，那么组合型发明的实质是什么？

（2）你能列举身边的组合型发明的案例吗？

（3）组合型发明可以运用哪些技法？

劳动视野

1. 组合创新原理

在创造活动中，将若干已有的事物进行组合，并使组合体在功能或性能等方面发生变化的创造就是组合创造，相应的方法即为组合创造法。

在现实中，我们可以发现许多产品的出现都与组合创造法的应用有关。例如，组合电风扇、组合洗衣机、组合家具、组合机床、电子积木、搭接机器人等。组合创造是一种广泛应用的创造技法。

产品之间可以组合，组合后可以获得有价值的创造成果。产品组合创造不是任意地把不相干的部分、方面或要素机械地拼凑在一起，而应该是同一个整体的各个部分、方面或因素的有效连接。正如恩格斯所说："思维，如果它不做蠢事的话，只能把这样一种意识的要素综合为一个统一体。如果我们把鞋刷子综合在哺乳动物的统一体中，那它绝不会因此就长出乳腺来。"恩格斯的话揭示了产品组合创造的实质。

2.组合创新技法

（1）同类组合。

就是将同类的两个或两个以上的产品进行组合。同类组合能够通过量的变化来弥补原单一产品功能或性能方面的不足，或使产品性能发生新的变化，如组合插座、多头电风扇、双管节能灯、齿轮系等。

（2）异类组合。

将两种或两种以上的不同类型的产品进行组合，叫作异类组合。各种多功能产品，如吊扇+吊灯、洗衣机+马桶等，都闪烁着异类产品组合的创新智慧。

组合插座

灯扇组合

洗衣机+马桶

（3）分解重组。

任何产品都可以看作由若干零部件构成的整体。各零部件之间的有序结合，是确保产品整体功能或性能实现的必要条件。如果有目的地改变产品结构，并按照新的方式重新进行组合，促使产品的功能或性能发生改变，则是产品分解重组的运用。我们所

电子积木

看到的组合玩具、组合家具、电子积木、搭接机器人等，都体现产品分解重组的创新智慧。

劳动实践

★劳动项目：产品组合型发明

【劳动目标】

（1）通过组合型发明应用，了解发明创造价值。

（2）通过组合型发明体验，掌握组合型发明技法。

（3）通过组合型发明创意，激发组合型发明志趣。

【劳动任务1】机器人搭接与创意

机器人搭接与创意

□劳动过程

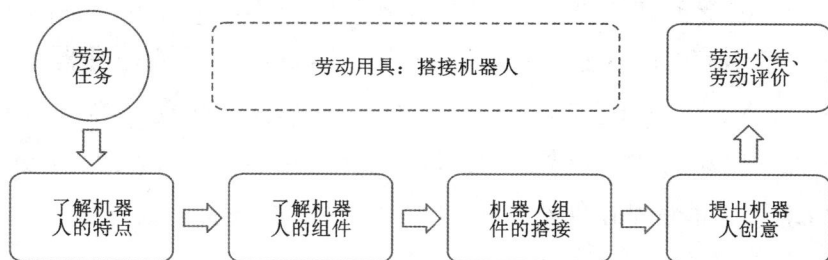

机器人搭接与创意劳动过程

□劳动点拨

1986 年，丹麦乐高公司和美国麻省理工学院的媒体实验室进行了一项"可编程式积木"的合作案，于是研发出"乐高机器人"（Lego Mindstorms）。该产品的特点是集合了可编程主机、电动马达、传感器和 Lego Technic 部分（齿轮、轮轴、横梁、插销），统称"乐高机器人套件"，这是针对 12 岁以上的，对机器人有兴趣（或者启发自动控制教育）的小孩或大人的教育玩具。

乐高机器人套件最吸引人之处是，它不仅像传统的乐高积木一样，玩家可以自由发挥创意，拼凑各种模型，而且可以让它真的动起来。

乐高机器人

乐高机器人组合包含 RCX（机器人指令系统）、两个马达、两个触控感测器和一个红外线感测器、各种大小的轮胎和履带，以及数种规格的齿轮和滑轮，当然还有各种积木，帮我们解决了搭建时电子电路和机械结构的问题。

如果用传统的方式学习制作机器人，我们得先学习电脑基本知识，了解电子电路、数位逻辑和微处理器，才能制作出基本的微电脑控制电路；然后还要学习汇编语言(assembly language)或 C 语言，撰写微处理器的程序；此外，还要了解复杂的机械结构。如此，对自制机器人怀抱憧憬的人肯定会感到无所适从。自从有了乐高机器人套件，情况便发生了很大的改变，不知道乐高玩家们会用可编程软件给我们带来什么样的惊喜。

【劳动任务 2】小机具应用与创意

汽车千斤顶应用

□劳动过程

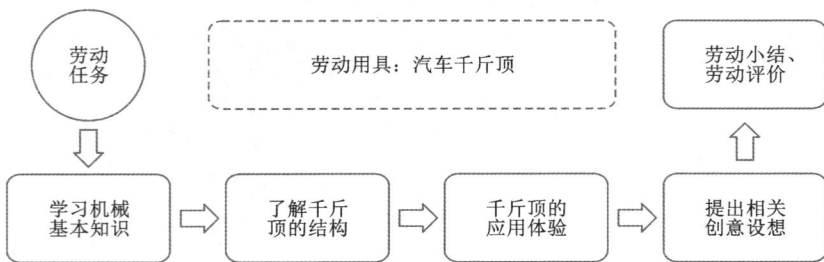

千斤顶应用与创意过程

□劳动点拨

（1）千斤顶简介。

千斤顶是一种起重高度小于 1 米的最简单的起重设备，用钢性顶举件作为工作装置，通过顶部托座或底部托爪在行程内顶升重物的轻小起重设备。千斤顶分机械式和液压式两种，主要用于厂矿、交通运输等部门，作为车辆修理及其他起重、支撑等工作的工具。其结构轻巧坚固、灵活可靠，一人即可携带和操作。千斤顶有液压千斤顶、机械式千斤顶、气动千斤顶和电动千斤顶，一般常用的是液压千斤顶和机械式千斤顶。

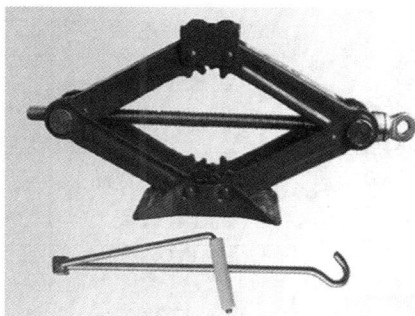

(a)液压千斤顶　　　　　　　　　(b)机械式千斤顶

千斤顶

液压千斤顶采用液压传动方式，它的工作原理较为复杂，但其升降速度快，承重能力较大。

放在汽车工具箱里面的机械式千斤顶，俗称剪式千斤顶，它主要由螺旋结构与平行四边形结构组合而成，用于在更换备用轮胎时顶起车身。使用时将千斤顶放在靠近汽车轮子的地面上，其顶块对准汽车底部的可顶部位，然后使用手柄让千斤顶的螺杆顺时针转动，带动平行四边形结构运动，使顶块上举，从而将一侧车身顶离地面，方便轮胎更换。

（2）使用千斤顶顶车的注意事项。

①车辆被千斤顶顶起时，决不能启动发动机，因为发动机的振动或车轮的转动，都会使车辆从千斤顶上滑下来造成危险。

②为确保安全，各种车型的汽车一般有使用千斤顶的固定位置，不能将千斤顶支在保险杆、横梁等部位。

③维修人员千万不能在没有支撑的车辆下工作。更换车轮时，乘客不能留在车上，因为他们的走动可能会使车辆从千斤顶上滑落下来。

【劳动评价】

"组合型发明"劳动素养评价表

评价项目	评价要求	自我评价	小组评价	师长评价	备注
劳动观念	组合型发明创造劳动价值认识				
劳动能力	组合型发明创造原理的理解				
	组合型发明的构想能力				
	组合型发明作品的制作技能				
	组合型发明的创意能力				
劳动习惯	组合型发明创造程序				
	组合型发明创造次数				
劳动精神	组合型发明创造作品是否精益求精				

注：在表中空白处填写评价等级，分 A（优秀）、B（良好）、C（一般）。

劳动创智

1. 创智之道：组合创新要点

关于组合创新的原理和三种技法在前面已有阐述，这里强调的是组合创新技法的运用要点。

（1）运用同类组合创新时，应该要明确这种组合创新的实质是追求从量变到质变，即组合体比单体在使用性能上有优势，否则就是堆积，不算创新。此外，同类产品组合后，整体结构也应该有所变化，即需要考虑单个产品之间的连接方式的匠心独具。例如，将电接线插座进行组合时，应该以使用中的方便、高效和时尚为组合创新的基本要求。

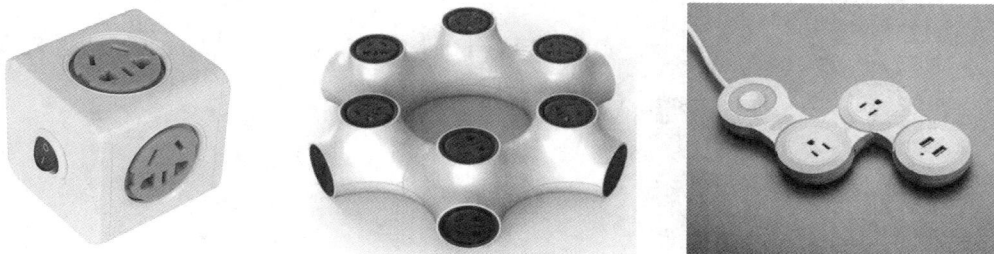

不同的组合插座

（2）运用异类组合创新时，有主体添加和异类杂交两种情况。主体添加的创造原理是以添促变。异类杂交是把常规上看来风马牛不相及的产品组合在一起。相对主体添加和同类产品组合来说，异类杂交的思维广度和深度更大，其创造性也更强。

异类组合作品

（3）产品分解重组是一种立足于改变产品原有结构的组合方式。它在某种产品上施行，其基本内容是改变产品各组成部分之间的连接关系，以引起产品的变化。如果这种变化能产生新的效果，就意味着重组具有创造功能。

2. 创智之思

（1）观察右图所示的厨房用具，说说它的创新之处。

（2）左图所示为双头电风扇，说说这种组合设计有何作用。

（3）右图所示为组合用具，猜猜它有何作用。

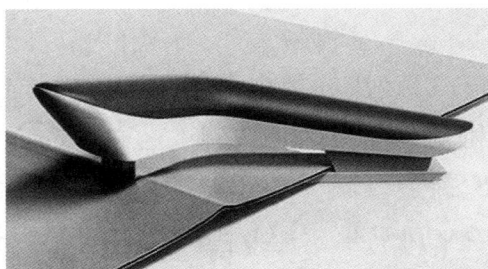

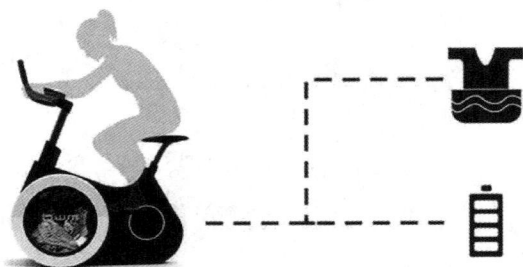

（4）参考左图所示信息，试提出一产品创意。

5.3　移植型发明

1. 自主阅读

盾构机的发明

18世纪末，英国要在泰晤士河修建一条水下隧道，由于土质很差，用传统的支护法开挖，松软多水的河底很容易塌方，施工十分困难。怎么办？工程师们冥思苦想多日，也没有什么妙招。

一天，工程师布鲁诺尔无意中看见一只船蛆在其外壳的保护下使劲向木头里钻，这一极为平常的现象使他茅塞顿开，突然想到了一种"船蛆式"的打隧道方法，从而发明出"盾构机"这种工程机械。

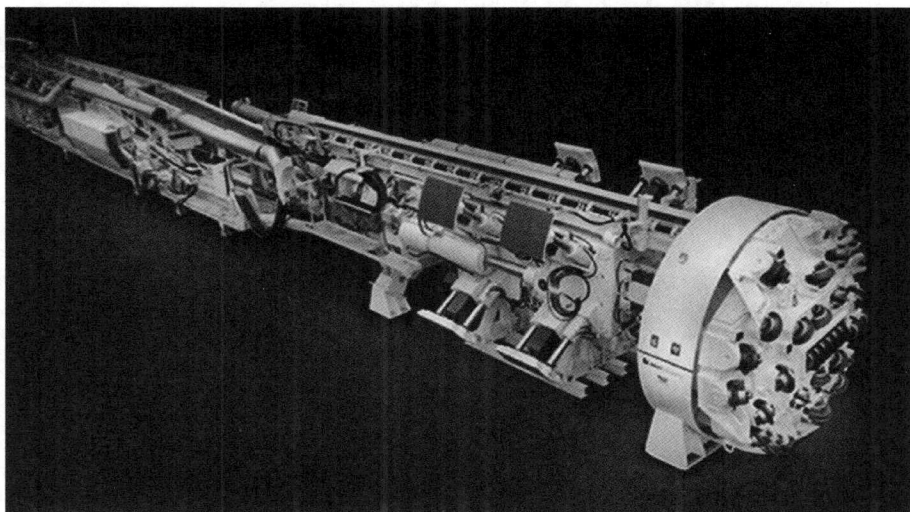

盾构机

盾构机的基本工作原理就是一个圆柱体的钢组件沿隧洞轴线边向前推进边对土壤进行挖掘。该圆柱体组件的壳体即护盾，它对挖掘出的还未衬砌的隧洞段起着临时支撑的作用，承受着周围土层的压力，有时还承受着地下水压以及将地下水挡在外面。挖掘、排土、衬砌等作业在护盾的掩护下进行。

根据工作原理，盾构机一般分为手掘式盾构机、挤压式盾构机、半机械式盾构机(局部气压、全局气压)、机械式盾构机(开胸式切削盾构机、气压式盾构机、泥水平衡盾构机、土压平衡盾构机、混合型盾构机、异型盾构机)。

近30年来，通过对土压平衡盾构机、泥水平衡盾构机中的关键技术，如盾构机的有效密封，确保开挖面的稳定，控制地表隆起及塌陷在规定范围之内，刀具的使用寿命以及在密封条件下的刀具更换，对一些恶劣地质如高水压条件的处理技术等方面的探索和研究解决，盾构机有了快速发展。

盾构机隧道的地质超前预报非常重要。若遇到不良地质体，不及时进行掘进参数的调整和变更很容易受困，形成卡机、姿态失控等事故，甚至使盾构机报废。因此，现代盾构机上有很多智能化勘探仪器、仪表，不用炸药作为震源就能进行地质超前预报。

2.问题思考

(1)布鲁诺尔发明的盾构机，可以认为是移植型发明的典型案例，那么什么是移植？

(2)你还知道哪些运用移植法发明的案例？

(3)在劳动过程中，怎样运用移植法进行发明创造？

劳动视野

1.移植法

"他山之石，可以攻玉。"若能吸取、借用某一领域的原理、方法、结构及成果，引用或渗透到其他领域，用以变革或创造新的事物，我们便称之为移植创造，相应的发明创造方法就是移植法。

现代科学技术的发展，使得学科与学科之间的概念、理论、方法等相互渗透、相互转移，从而为移植法的应用带来了广阔的前景。当在发明创造的过程中需要解决问题时，我们就可以思考能否借鉴其他领域已成熟的技术，这比局限在自己所处的领域里冥思苦想要好得多。因为移植法的"拿来主义"和"为我所用"的基本原理和特征，更容易使我们绕过重复思考、重复研制的泥坑，实现"以他山之石，攻己之玉"的目的。

在发明创造的天地中，我们可以看见许多移植创新的成果。例如：在医学领域，人体器官移植、义牙种植、头发种植等技术给人类的身心健康带来了巨大的贡献；在工业领域，人们发明了形形色色的机器人；在农业领域，人工大棚种植、立体农业和观光农业等新事物的出现，也与移植创新密切相关。

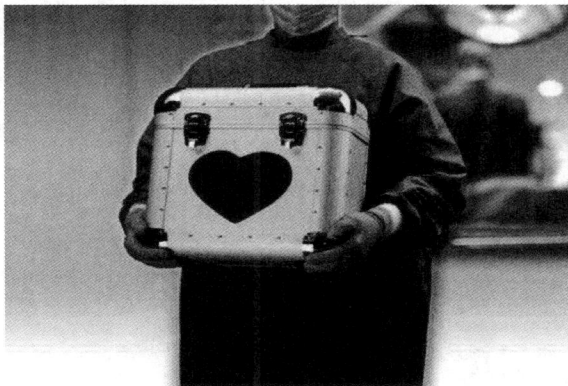

人体器官移植

2. 移植方式

（1）原理移植。

这种移植方式是将某种科学技术原理或方法向新的研究领域类推和外延。二进制计数器原理已在电子学中获得了广泛应用，能否将其向机械学中移植，创造出二进制式的机械产品呢？事实上，人们已在这方面获得了许多新成果，如二进制液压油缸、二进制工位识别器、二进制凸轮传动等。这些新成果已广泛应用于各种自动化机械中。

（2）方法移植。

方法是具体的操作手段或艺术，是解决问题的途径。技术方面的移植，是技术创造中应用广泛的方法之一，例如，将金属电镀方法移植到塑料电镀上来，将自然科学的研究方法（如定量研究）移植到社会科学里来（如计量史学），等等。

（3）结构移植。

结构是事物存在和实现功能目的的重要基础。将某种事物的结构形式或结构特征向另一事物移植，是结构变革的基本途径之一。例如，人们将积木玩具的结构方式移植到机床领域，则创造了组合机床、模块化机床。再如，常见的机床导轨为滑动摩擦导轨，如果在摩擦面间放置滚轮，则得到滚动摩擦导轨。与普通滑动摩擦导轨相比，滚动摩擦导轨具有运动灵敏度高、定位精度高、牵引力小、润滑系统简单、维修方便(只需换滚动体)等优点。从创造思路上分析，可认为这种新型导轨是平面滚动轴承结构方式的一种移植。

劳动实践

★劳动项目：移植型发明创造

【劳动目标】

（1）通过移植型发明应用，了解发明创造价值。

（2）通过移植型发明体验，掌握移植型发明技法。

（3）通过移植型发明创意，激发移植型发明志趣。

【劳动任务1】机械手模型制作与创意

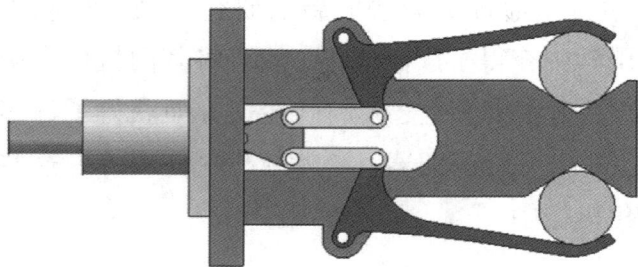

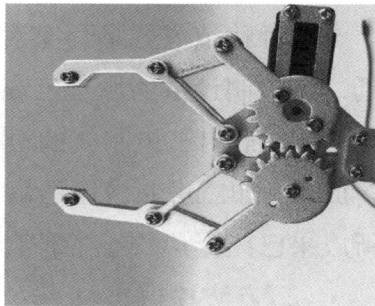

机械手模型

□劳动过程

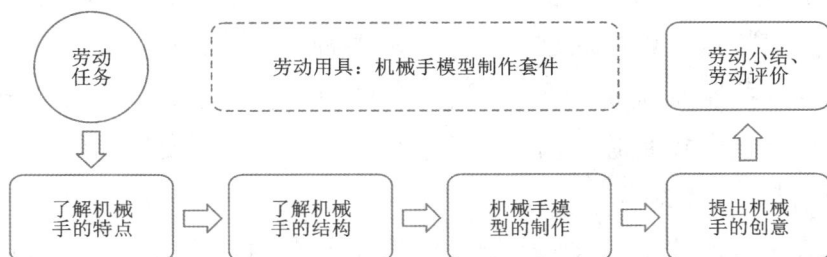

机械手模型制作与创意劳动过程

□劳动点拨

(1)机械手认知。

机械手是一种能模仿人手和臂的某些动作功能,用以按固定程序抓取、搬运物件或操作工具的机械化和自动化操作装置,也是最早出现的工业机器人。

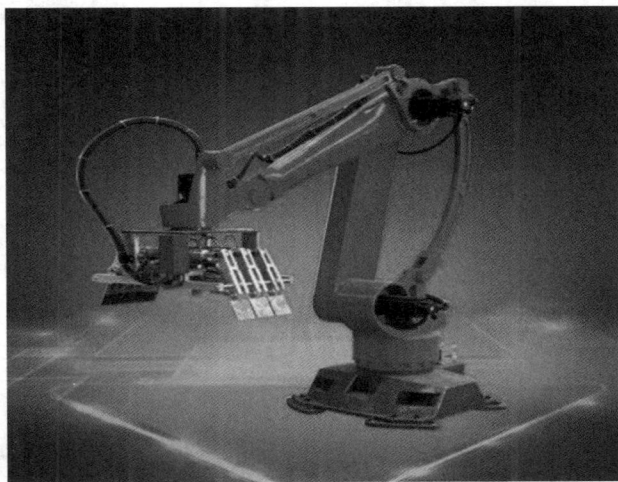

工业机械手

机械手主要由执行机构、驱动机构和控制系统三大部分组成。

机械手的执行机构分为手指、手臂和躯干。手指是用来抓持工件(或工具)的部件,根据被抓持物件的形状、尺寸、重量、材料和作业要求而有多种结构形式,如夹持型和吸附型等。手臂的作用是引导手指准确地抓住工件,并运送到所需的位置上。躯干是安装手臂、动力源和各种执行机构的支架。

机械手所用的驱动机构主要有 4 种：液压驱动、气压驱动、电气驱动和机械驱动。其特点是可以通过编程来完成各种预期的作业。

机械手的控制系统是为了使手臂能够完成特定动作。控制系统的核心通常由单片机或微控制芯片构成，通过对其编程实现所要的功能。

(2)机械手模型制作。

在创造性劳动课中，制作机械手模型主要有两种方式：一是仿制，即按照机械手结构图或样品，用准备好的材料(纸、木)制作；二是采用厂家生产的机械手套件进行搭接。不管采用哪种方式，制作模型之后都要通过创造性思维提出关于使用机械手的发明创意。

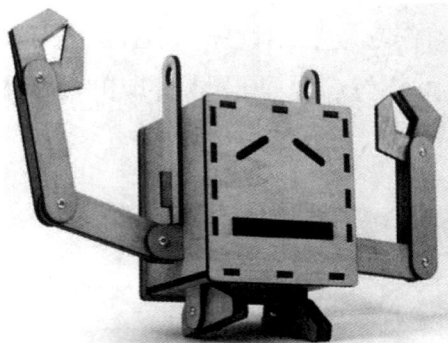

机械手模型

【劳动任务 2】仿生设计与制作

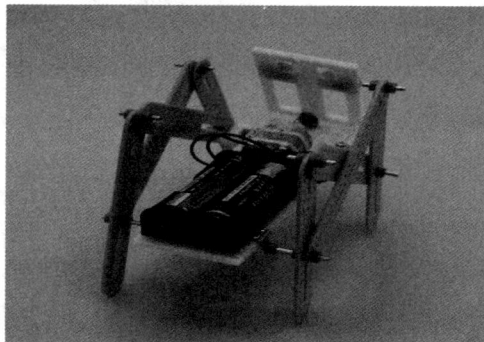

仿生设计与制作

□劳动过程

仿生设计与制作劳动过程

□劳动点拨

自古以来，自然界就是人类各种科学技术发明及重大发现的源泉。生物界有着种类繁多的动植物及物质存在，它们在漫长的进化过程中，为了生存与发展，逐渐具备了适应自然界变化的本领。人类生活在自然界中，与周围的生物作"邻居"，这些生物各种各样的奇异本领，吸引着人们去想象、模仿和移植。人类运用观察、思维和设计能力，开始了对生物的模仿与移植，并通过创造性的劳动，制造出简单的工具或器具，增强了自己与自然界斗争的本领和能力。

在移植创新中，仿生设计是一种富有生命力的实践活动。它主要是运用工业设计中艺术与科学相结合的思维与方法，从人性化的角度，不仅在物质上，更是在精神上追求传统与现代、自然与人类、艺术与技术、主观与客观、个体与大众等多元化的设计融合与创新，体现了辩证、唯物的共生美学观。

仿生物形态的设计是仿生设计的主要内容，强调对生物外部形态美感特征与人类审美需求的表现。

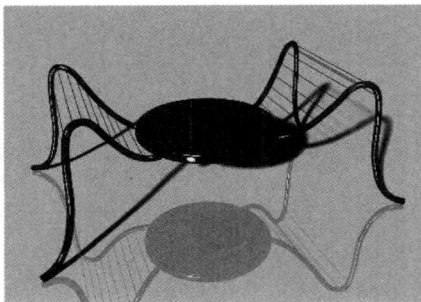

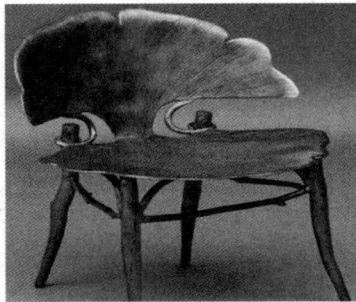

仿生设计的椅子

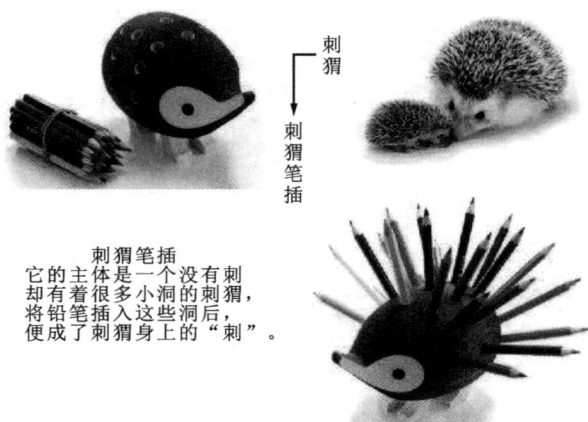

刺猬笔插
它的主体是一个没有刺
却有着很多小洞的刺猬，
将铅笔插入这些洞后，
便成了刺猬身上的"刺"。

刺猬笔插

【劳动评价】

"移植型发明"劳动素养评价表

评价项目	评价要求	自我评价	小组评价	师长评价	备注
劳动观念	移植型发明创造劳动价值认识				
劳动能力	移植型发明原理的理解				
	机械手的制作能力				
	仿生设计的制作技能				
	移植型发明的创意能力				
劳动习惯	移植型发明创造程序				
	移植型发明创造次数				
劳动精神	移植型发明作品制作是否精益求精				

注：在表中空白处填写评价等级，分 A（优秀）、B（良好）、C（一般）。

劳动创智

1. 创智之道：移植法要点

（1）在应用移植法时，往往要借助类比法的启示，或直接以类比法的应用为前提。类比法能够根据两个不同对象之间的某些相似的属性，推出其他方面可能隐含的共同点或相似点。这样，通过类比推理，把一个研究对象的某种概念、原理或方法应用于另一个研究对象的相似方面，正好为沟通两个研究对象，创造性地应用移植架设了一座桥梁。

（2）应用移植法时要注意对移植对象和需求对象有充分的了解，并准确把握移植的限度。比如，人的心脏运动虽然像唧筒一样包含简单的力学原理，但心肌活动伴有生物电的变化，并受到神经系统的支配。因此，将力学原理移植到人工心脏的研究开发上，用"拿来主义"就不那么容易实现目标，即移植法的适应范围会受到一定客观基础与主观认识的限制。移植的跨度越大，这种限制表现得越突出。因此，分析并准确地把握移植的限度是运用移植创造法必须注意的问题。

（3）实施移植创造，可按成果推广型移植和解决问题型移植两种思路操作。前者主动考虑将已有的科技成果作为"移植供体"向其他领域拓展延伸，后者是从待研究的问题出发，考虑原理移植、方法移植或结构移植的对策。

2. 创智之思

（1）拉链是使物品并合或分离的连接件，现大量用于服装、包袋、帐篷等，试列举拉链创造性移植的案例。

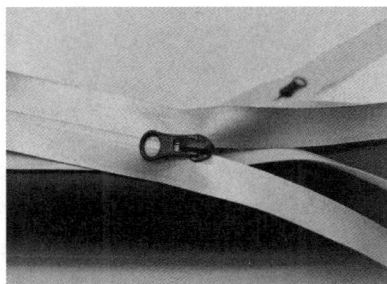

（2）观察左图所示的方形西瓜，想想它是怎样种植出来的？你联想到了什么移植创新课题？

（3）试说明右图所示的仿生设计椅子，创意来自何处。

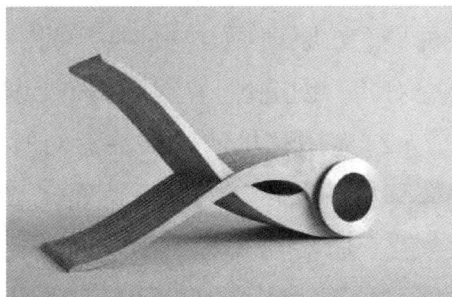

（4）根据海星进行仿生设计，可以有什么发明创造作品？

5.4 发明的竞赛

劳动聚焦

1. 自主阅读

梅雨天的发明作品

每年 6、7 月份，东南季风带来的太平洋暖湿气流经过我国，致使多地出现持续天阴有雨的气候现象，由于此时正是江南梅子的成熟期，因此称其为"梅雨"。此时空气潮湿，衣服极易发霉、滋生细菌。有三位初中同学喜欢在一起搞发明创造，便以此为背景，思考发明创造的课题。

首先，他们运用发散思维，提出了防止衣服发霉和滋生细菌的下述发明选题：

选题 1：设计一种内装除湿材料的小盒，置于衣柜中去除潮湿。

选题 2：设计一种具有防潮层的塑料收纳箱，防潮层里有除湿剂。

选题 3：设计一种安装有智能化气流除潮系统的衣柜。

同学们在进行选题筛选时，发现选题 1、选题 2 过于简单，属低水平课题，在创新大赛中竞争力不强；选题 3 虽然技术水平较高，但初步查新发现已有类似想法的实用新型专利。

为了使选题更具新颖性，同学们进一步冥思苦想，在一块开头脑风暴会，其中一位同学从护士阿姨穿着护士服的情景中得到灵感，提出了"挂衣护理板"的创意，另外两位同学补充了"绿色"和"快捷"方面的创意，最终确定了名为"多通道'绿色'挂衣护理板"的发明创造课题。

该发明作品如下图所示，有挂式、台式和落地式三种结构。它们主要由挂衣板体、臭氧发生器和微型风机等组成。

该发明创造作品首先在校园科技文化节上亮相，得到了大家的好评。此后，该作品先后被选送参加市、省和全国青少年科技创新大赛，均获得中学组一等奖。

挂衣护理板

2.问题思考

（1）发明作品可以被选送参加市、省和全国青少年科技创新大赛，那么，你知道这类赛事活动的基本情况吗？

（2）参加青少年科技创新大赛要提交哪些材料？

（3）怎样才能在青少年科技创新大赛中获得优良成绩？

劳动视野

1.青少年科技创新大赛

全国青少年科技创新大赛（CASTIC）是一项面向中小学生的全国性竞赛活动。

全国青少年科技创新大赛，要追溯到我国改革开放之初的 1979 年。1979 年 11 月，中国科协、教育部等在北京举办了"首届全国青少年科技作品展览"。这次展览得到了党和国家领导人的重视，邓小平同志为活动题词：

第 34 届全国青少年科技创新大赛开幕仪式

"青少年是祖国的未来，科学的希望！"

为适应我国青少年科技活动发展的状况和前景，也为了与国际上青少年科技交流活动接轨，主办单位从 2000 年开始着手对"全国青少年科学创造发明比赛和科学讨论会"（开始于 1982 年）和"全国青少年生物和环境科学实践活动"（开始于 1991 年）进行整合，届数相加，定名为"全国青少年科技创新大赛"，每年举办一届。经过多年的不断发展和完善，大赛积累了丰富的经验，在活动内容、活动形式等各方面不断汲取国内外的成功经验，使创新大赛能够紧紧把握时代的脉搏，体现时代精神，围绕青少年创新精神和实践能力的培养，做出了特色，做出了品牌，在广大青少年中和社会各界产生了广泛而深远的影响。"全国青少年科技创新大赛"成为我国国内面向在校中小学生开展的规模最大、层次最高的青少年科技教育活动。

青少年科技创新大赛的宗旨为：创新、体验、成长。

参加青少年科技创新大赛的创新成果分为学生项目和老师项目。学生项目主要是工程学领域的发明作品和其他学科领域的研究报告。老师项目是教具设计制作和教学方案设计。

2. 作品类型与水平评价

参加青少年创新大赛的作品，按创意来源和专业程度分为 A、B 两类。A

类作品指选题专业性较强，具备较为深厚的专业基础，在专业实验室或专业机构完成的作品。B类作品指选题源于日常生活，能够为经济社会发展或社会生活带来便利的小发明、小制作、小论文等。

对作品水平的评价，主要考察作品的创新性、科学性、实用性和完整性。

对作品创新性水平的评价，主要是从新颖程度和先进程度两个方面进行比较。新颖程度，主要指参赛以前没有同类的作品出现。先进程度，主要指作品采用的技术比过去有显著进步。为了保证参赛作品的创新性，组委会要求作者提供参赛项目的科技查新报告。

评委们对学生创新作品的科学性进行评分时，主要考虑如下几点：选题与成果是否具有科学意义，技术方案是否合理，研究与设计方法是否科学，科学理论运用是否准确、合理，创新项目是否符合选手年龄段的思维方式、知识结构和实施项目的能力。

创新作品的实用性是指该项作品具有一定的应用价值。当然，能说明其具有可预见的社会效益、经济效益或效果，则更能体现作品的实用性。

3. 发明项目提交材料

参加青少年科技创新大赛的作品，要提交项目申报书、项目研究(设计)报告、项目查新报告和附件材料(可以无)。参赛的发明创造作品(工程学作品)还必须提供设计制作的实物模型。

(1)项目申报书。

项目申报书是参赛作品必须提交的资格审核材料，该材料封面上要填写项目名称、申报者、所在学校、辅导老师和辅导机构。这5项信息请申报者核实准确无误，打印证书以此为准。此外，还要填写项目研究领域(请在确认的学科上画"√"，如小学生的发明创造作品在"技术"学科上画"√")和项目类别(请在确认的类别"个人项目"或"集体项目"上画"√")。

项目申报书中，包含5个表格，分别为：A.申报者与辅导教师情况；B.项目情况；C.申报者确认事宜；D.资格确认；E.项目申报材料(清单)。

在"项目情况"表格中，要填写"项目简介"(限800字以内)，包含如下内容：①项目摘要；②该项目的选题是怎样确定的；③设计(或研究)该项目的目的和基本思路；④该项目的研究过程；⑤该项目应用了哪些科学方法、科学原理；⑥该项目的主要贡献（创新部分）；⑦他人同类研究的情况调查；⑧进一步完善该项目的设想；⑨集体项目中申报者各自的工作分工。"项目简介"内容应参考项目研究或设计报告内容缩写。

（2）项目研究（设计）报告。

项目研究（设计）报告是项目材料中的核心文档，是描述项目选题背景、研究或设计内容、过程和主要贡献的材料。研究或设计报告应尽可能做到内容完整、表达清晰、逻辑性强。研究或设计报告主要采用说明文的体裁。

（3）项目查新报告。

项目查新在项目研究（设计）报告完成后进行。查新报告是查新者用书面形式就查新情况及其结论所做的正式陈述。

查新报告中的查新点是指需要查证的内容要点。

查新要求：①通过查新，证明在所查范围内有无相同或类似研究；②对查新项目分别或综合进行对比分析；③对查新项目的新颖性做出判断。

查新结论应当客观、公正、准确、清晰地反映查新项目的真实情况，不得误导。查新结论应当包括下列内容：

①相关文献检出情况；

②检索结果与查新项目的要点的比较分析；

③对查新项目新颖性的判断结论。

劳动实践

★劳动项目：青少年科技创新大赛

【劳动目标】

（1）通过创新大赛活动，培养创新意识。

（2）通过创新大赛实践，发展创新思维。

（3）通过创新大赛实践，提升创新能力。

【劳动任务】参赛作品的设计制作

【例】简易集雨器的设计制作。

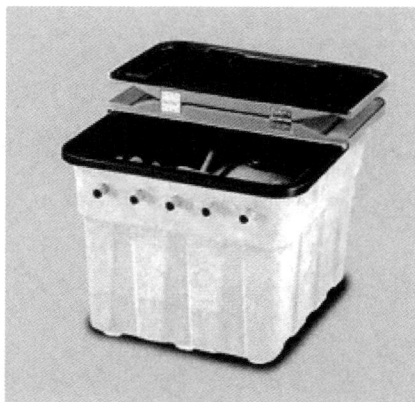

简易集雨器设计制作参考

□劳动过程

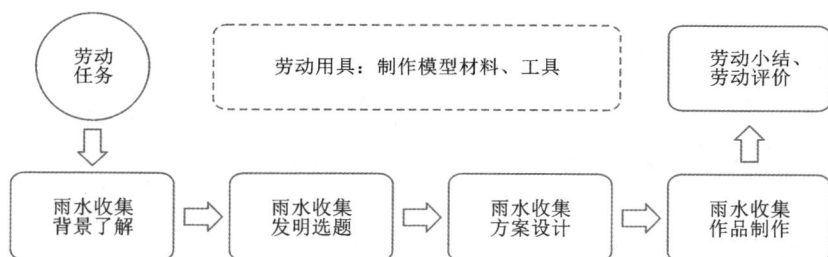

简易集雨器设计制造过程

□劳动点拨

（1）了解雨水收集的背景。在淡水资源匮乏的情况下，雨水收集具有重要意义，既节能减排、绿色环保，又能使干旱、紧急情况(如火灾)下有水可取，还可以用作生活中的杂用水，节约自来水，减少水处理的成本。

（2）生成发明创造课题。将现实需要问题转化为发明创造课题。

（3）进行发明创造作品设计制作。

（4）参加青少年科技创新大赛。申报创新项目时，要确定自己的发明作品属 A、B 中的哪类。整理好设计报告，做好参赛各个环节的准备。

【劳动评价】

参加青少年科技创新大赛活动，既是展示自己的创新成果的机会，也是接受评委们考核评价的过程。

根据中国科协关于青少年科技创新大赛制定的新规则，项目评审工作从过去的"作品水平评价"转向对"人的综合评价"。新的评审程序具有多元化的特点，包括对参赛作品进行学术考察，终评增加综合素质考察和科研潜质测评两个环节。

如果需要详细了解新的全国青少年科技创新大赛规则，可参考相关文件资料。

全国青少年科技创新大赛

规则修订说明

中国科协青少年科技中心
2021年10月21日

中国科协文件

劳动创智

1. 创智之道：专利申请

为了保护知识产权，我国也实施了专利制度。专利文献成为世界上最大的技术信息源。据实证统计分析，专利包含了世界科技信息的 $90\% \sim 95\%$。

专利属于知识产权的一部分，是一种无形的财产，具有与其他财产不同的特点，即排他性、区域性、时间性和需要缴纳专利年费。

专利的种类在不同的国家有不同的规定，在我国专利法中规定有发明专利、实用新型专利和外观设计专利。

发明专利证书

发明名称：一种空气洗衣机及其洗衣方法
发明人：张才友；钱柏臣；丁晟源
专利号：CN. 2015 1 0211504. 2
专利申请日：2015年04月29日
专利权人：张才友；钱柏臣
授权公告日：2016年09月28日

发明专利示例

发明是指对产品、方法或者其改进所提出的新的技术方案。取得专利的发明又分为产品发明(如机器、仪器设备、用具)和方法发明(制造方法)两大类。发明专利的所谓产品是指工业上能够制造的各种新制品，包括有一定形状和结构的固体、液体、气体之类的物品。所谓方法是指对原料进行加工，制成各种产品的方法。发明专利并不要求它是经过实践证明，可以直接应用于工业生产的技术成果，它可以是一项解决技术问题的方案或是一种构思，具有在工业上应用的可能性。但这也不能将这种技术方案或构思与单纯地提出课题、设想相混同，因为单纯的课题、设想不具备工业上应用的可能性。

发明的技术方案主要体现新颖性、创造性和实用性。

实用新型专利示例

实用新型是指对产品的形状、构造或者其组合所提出的，适于实用的新的技术方案。同发明专利一样，实用新型专利保护的也是一个技术方案。但实用新型专利保护的范围较窄，它只保护有一定形状或结构的新产品，不保护方法以及没有固定形状的物质。实用新型的技术方案更注重实用性，其技术水平较发明而言要低一些，多数国家实用新型专利保护的是比较简单的、改进性的技术发明，可以称为"小发明"。

外观设计专利证书

外观设计是指对产品的形状、图案或其结合以及色彩与形状、图案的结合所做出的富有美感并适用于工业应用的新设计。

外观设计与发明、实用新型有着明显的区别。外观设计注重的是设计人对一项产品的外观所做出的富于艺术性、具有美感的创造，但这种具有艺术性的创造，不是单纯的工艺品，它必须具有能够为产业上所应用的实用性。外观设计专利实质上是保护美术思想的，而发明专利和实用新型专利保护的是技术思想。虽然外观设计和实用新型与产品的形状有关，但两者的目的却不相同，前者的目的在于使产品形状产生美感，后者的目的在于使具有形态的产品能够解决某一技术问题。

授予专利权的发明和实用新型，应当具备新颖性、创造性和实用性。授予外观设计专利的主要条件是新颖性。

一项发明创造并不能自动得到专利保护，专利局也不能主动授予专利权，必须由有权提出专利申请的人，按照规定的专利申请流程办理。

办理专利申请有两种途径：一是委托国家认可的专利代理机构办理；二是申请人直接到中国国家专利局办理。由于申请专利事务是一项繁杂的法律事务，一般人不容易完成这项任务，因此建议申请人优先考虑委托国家认可的代理人撰写申请文件和办理有关申请事务。

2. 创智之思

（1）某地盛产葛根，这种药食植物的根茎很长，深入土层中难以采挖。试以此为背景，提出发明创造课题。

（2）在图中的农村水库几十年来疏于维护，导致淤积状况严重。从此背景出发，能够生成什么发明创造课题呢？

（3）油菜花开，美景无限，油菜花观光节也应运而生。为了发展这种旅游业，需要提出科技创意。你有相关的科技创意吗？

（4）高层建筑采用玻璃幕墙是一种时尚，与此同时也带来了相应的维护问题。对此，你有什么创意吗？

（5）下图为某同学的发明创造项目"蔬菜苗床绿色净化装置"的总体设计方案。试推敲该项目选题的意义、技术方案内容和主要创新点。

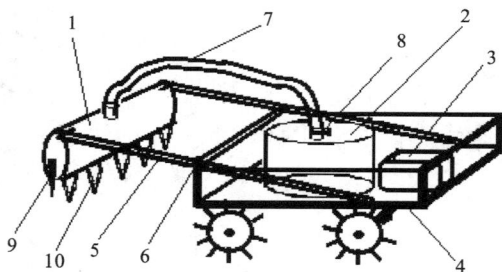

1—排插执行头；2—蒸汽发生器；3—控制器；4—小型推车；5—支架；6—支撑轴；7—蒸汽管；8—控制阀；9—土壤湿度探测器；10—排插头。

蔬菜苗床绿色净化装置

（6）右图为"吃垃圾的仿生机器人"的方案构思，试用简单的文字说明该方案的基本思路。

如果要撰写项目研究（设计）报告，大概要写哪几方面的内容？

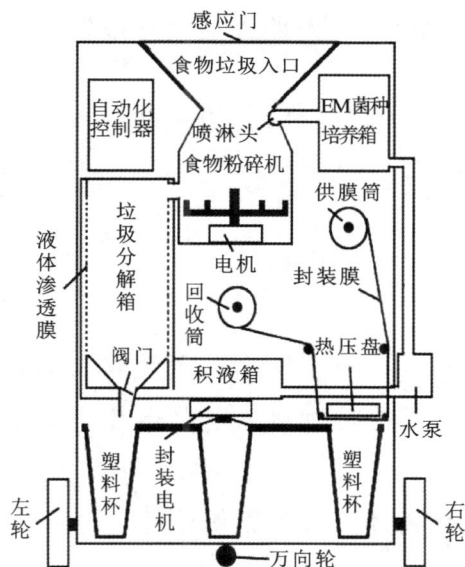

感应门
食物垃圾入口
EM菌种培养箱
自动化控制器
喷淋头
食物粉碎机
供膜筒
液体渗透膜
垃圾分解箱
电机
封装膜
回收筒
热压盘
阀门
积液箱
水泵
塑料杯
封装电机
塑料杯
左轮
右轮
万向轮

（7）下图所示的三项发明创造应分别申请什么专利？为什么？

(a)创意月饼盒

(b)酒店客房枕头除螨机

(c)菜地高压蒸汽灭菌法

（8）下图所示的两项创新成果能否申请专利保护？为什么？

(a)智能化足球射门网架

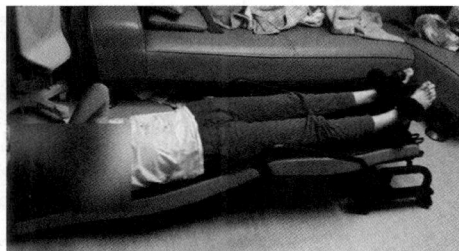

(c)人体快速增高训练器

【链接材料】发明作品设计报告写作范例

【项目名称】牧鱼机器人

牧鱼机器人设计报告

作者：周宜之　　　　　指导老师：罗洪波

摘　要

近年来，渔民在水面较大的水库、河流和湖泊中进行大规模的网箱养鱼。尽管这种养鱼方式能够充分利用水域和提高产量，给渔民带来可观的经济效益，但是由于网箱养殖容易造成水域局部生态环境恶化，污染环境，国家相关部门在狠抓养殖污染问题过程中，开始对投喂饲料的网箱养鱼方式加以限制。

本项目针对常规网箱养鱼的缺点，运用机器人技术设计一种符合水域环保要求的聪明的牧鱼机器人，满足鲢鱼、鳙鱼等鱼类幼鱼的智能化养殖要求。

牧鱼机器人主要由机器人本体、舵机、牧鱼网箱、水质监测器、智能控制器和太阳能装置等部件组成。

本项目的主要贡献(创新点)为：

(1)提出了"牧鱼机器人"的新概念，对网箱养鱼方式创新具有一定的参考价值。

(2)设计出一种聪明的牧鱼机器人模型，该模型主要由机器人本体、舵机、牧鱼网箱、水质监测器、太阳能装置和计算机程控系统组成。该作品模型可以为牧鱼机器人的工业设计提供初步的设计思路。

(3)对牧鱼网箱的生态化设计进行了初步探究。

关键词：牧鱼机器人；智能化养殖；生态牧鱼箱

1.项目选题的确定

每逢节假日，我们喜欢跟着家人去市郊农村观光休闲，可以看见一些地方的水面较宽的乡村水库和湖泊中放置许多网箱，从当地农民那里得知这是他们在利用网箱养鱼。这种养鱼方式有许多优点，如可以充分利用水域、产量高、捕捞方便，甚至可以实现养鱼作业机械化。

水面网箱养鱼

　　既然如此，我们觉得农村应该大量发展这种网箱养鱼，让农民致富。不过，又听当地干部说，政府为了打赢蓝天碧水保卫战，现在开始对网箱养鱼有所限制。因为网箱养鱼需要投入饵料，鱼群食后排出大量粪便，其中存留不少残饵，同时还要使用防病鱼药和清洁网箱洗涤剂，这样一来，大量污染物沉积在网箱养鱼水体和底泥中，势必造成水域局部生态环境恶化，污染水库和湖泊周边环境。现在国家狠抓养殖污染问题，不单水库、河流、湖泊等水域内不能投喂饲料养殖，水域周边 500 米，有的地方甚至 1000 米范围内都不能养殖鱼虾等水生物。

　　在学校开展的科技创新活动中，我和几个同学都对发明创造甚感兴趣。在寻找创新课题时，周同学最先联想到常规的网箱养鱼受到限制的现实问题，同时在观看机器人表演时受到启示，悟出了"聪明的牧鱼机器人"的发明创造课题。家住芙蓉区的我们知道后决定一块进行这一课题的研究与设计，并且争取用创新成果申报青少年科技创新大赛项目。

2. 设计目的和基本思路

　　本项目的设计目的是设计一种符合鱼性和水域养鱼环保要求的智能化牧鱼装置，即聪明的牧鱼机器人，满足人们智能化养鱼的需要。

　　本项目设计的基本思路为：

　　(1)根据鱼的习性，设计一种以天然饵料养殖为主、人工投喂饲料养殖为辅的技术装置。因此，该技术装置适合在水体腐殖质较多、食料生物丰富、有利特定的鱼类(如鲢鱼、鳙鱼)的生长的水域使用。

　　(2)所谓"牧鱼"，是指技术装置能够根据鱼群对生长环境的需要进行巡游移位，这种养殖方式也能防止装置长期固定某处对该处水体污染严重。

(3)所谓聪明的机器人,是指它能运用传感器技术和计算机编程技术,实现技术装置对网箱水质信息(温度、溶氧度等)的自动采样和处理,一旦发现水质达不到要求便可驱动机器人本体舵机,使技术装置游离,另寻新域养殖。

本项目的研究过程为:

(1)知识准备。通过自主学习以及向科技老师和专家咨询请教,了解与本项目相关的鱼类养殖和机器人等方面的基本知识。

(2)借鉴思考。通过信息检索,了解前人或他人在养鱼和机器人方面的科技创新成果,在借鉴的基础上思考新的技术方案。

(3)设计制作。运用所学知识和创新思维,进行新技术装置的方案设计、结构设计和模型制作,形成创新项目作品。

本项目应用的科学方法与原理为:

(1)网箱养鱼的基本知识。

(2)机器人技术原理与方法。

(3)创新思维原理和方法。

3. 技术方案设计

牧鱼机器人的总体技术方案如下图所示。

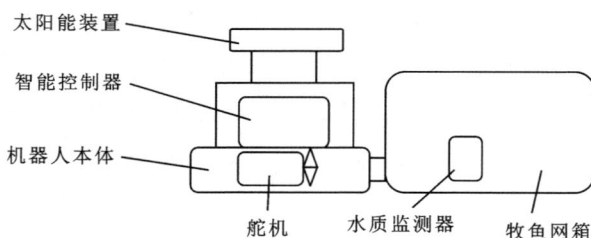

太阳能装置

智能控制器

机器人本体

舵机　　水质监测器　　牧鱼网箱

牧鱼机器人总体方案

由图可知,牧鱼机器人主要由机器人本体、智能控制器、太阳能装置、牧鱼网箱、水质监测器和舵机等部件组成。

机器人本体具有支承机器人组成部件和拖动网箱的作用。在机器人本体左右两侧各安装一台舵机,当两舵机的转速相同时,浮在水面的机器人直行前进;当两舵机的转速不同时,机器人则实现左转向或右转向。

机器人是一种自动控制机械,它依靠编程控制器来实现牧鱼机器人的自动化作业。

太阳能装置将太阳能转换为机械能,为机器人作业提供所需要的动力。

牧鱼网箱是一种养鱼容器,它主要由箱体、网衣、箱盖、间歇投饵器和水质监测器等组成。作业时,网箱沉浮在水体中,鱼群养殖其中,以觅食网箱水中的天然饵料为主、间歇投喂人工饲料为辅。水质监测器中的传感器对网箱中的水质信息(温度、溶氧度等)进行自动采样,由信息处理系统进行信息处理,一旦发现水质达不到要求便发出提示,使牧鱼机器人带着网箱驶离该处,另寻新的水域养殖。根据这种思路设计的牧鱼网箱,可以说是对网箱生态化设计的一种探究。

牧鱼机器人采用遥控器实现遥控管理。

4. 作品模型制作

根据设计方案,采用相应的材料和元器件手工制作出牧鱼机器人作品模型。

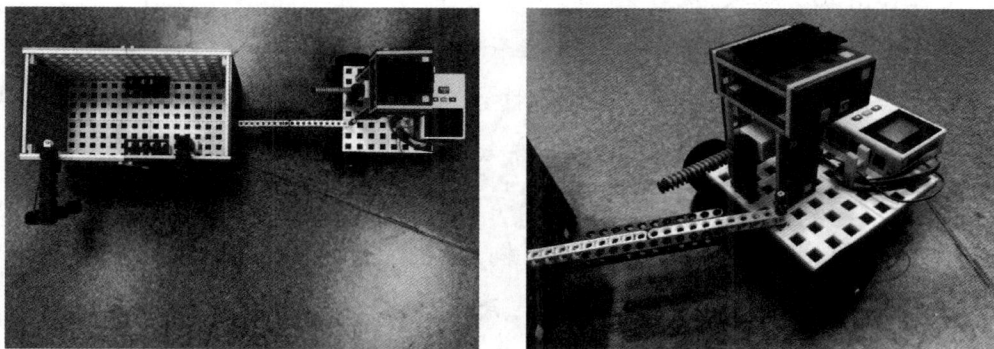

牧鱼机器人作品模型

5. 结语

5.1 项目的主要贡献(创新点)

(1)提出了"牧鱼机器人"的新概念,对网箱养鱼方式创新具有一定的参考价值。

(2)设计出一种聪明的牧鱼机器人模型,该模型主要由机器人本体、智能控制器、牧鱼网箱、太阳能装置、计算机程控系统、水质监测器、舵机等组成。该作品模型可以为牧鱼机器人的工业设计提供初步的设计思路。

(3)对牧鱼网箱的生态化设计进行了初步探究。

5.2 进一步完善项目的设想

完善人工智能设计，提高牧鱼机器人的"聪明"程度，如能对鱼群的生长状况进行自动监测。

【项目】车载式浮尘高效捕捉装置

车载式浮尘高效捕捉装置的设计

作者：蔡雅垠　李思珊　彭弋扬　　　指导老师：彭世文

摘　要

随着我国经济的高速发展，许多城市主干道上空浮尘危害日趋严重，导致近年来居民中哮喘、肺癌等呼吸道疾病发病率倍增，同时也引起城市雾霾天气频发，造成大面积大气环境污染。"清扫天空"、净化城市已成为文明城市建设的一项重要环保工作。由于城市浮尘的特殊性，传统的吸尘装置无法承担重任，因此有必要研发专门的捕捉浮尘的装置。

本项目在研究城市浮尘的特殊性和剖析吸尘装置缺乏适应性的基础上，以解决"空中捕尘"和"高效捕尘"的技术难题为核心，通过创新思维和科学实验平台，研发出一种"车载式浮尘高效捕捉装置"。

该装置由捕尘"蜂巢"、电晕放电增效板、逆变升压电路、清洗器以及连接件等组成。使用时，装置固定在车辆(公交车、的士或环保专用车)顶部，运动中的蜂巢通道的吸气效应使浮尘流入，所含尘粒在捕尘功能面上被俘获。应用一段时间后，可以用水对蜂巢进行清洗。

关键词：车载式；浮尘；高效；捕捉装置

一、课题的确定与意义

1.1 上学路上的烦恼

我们每天都要去学校，除了学习上有心理压力之外，对上学路上遇到的扑面而来的浮尘也甚感烦恼。特别是在书院路段，吸一口空气，总感觉喉咙里不舒服，弄得大家咳嗽不止，有时还影响我们的正常学习。我们几个同路的同学，都想戴口罩上学了，有个同学在关注环境主题漫画创作比赛中画的"戴着防毒面具去上学"，还获得了大奖呢！

当然，"戴着防毒面具去上学"目前还只是一种警示。但是因浮尘造成的环境污染问题决不可小看。路上到处是灰尘,路边树叶上也积尘不少,头顶上空也常有烟灰吹过。我们曾就浮尘问题去咨询过中南大学湘雅医学院的专家、教授,他们告诉我们:浮尘是悬浮在空气中的微粒,它可能含有氮氧化物等有害物质,人吸入浮尘后,轻则带来咳嗽和喉痛,重则导致呼吸困难、呼吸道感染和哮喘等症状,同时使肺功能下降,浮尘有着很大危害尤其对青少年的健康成长不利。据湘雅医院耳鼻喉科医生介绍,2009 年,咽炎、过敏性鼻炎较往年增多,上呼吸道感染类疾病患病人数增加了 50%。这与日益严重的浮尘危害不无关系。

其实,这种为浮尘危害的烦恼不只是我们每天上学的学生深有体会,其他走在马路上的人何尝不是如此。随着经济的快速发展,我国城市大兴土木,路上车水马龙,浮尘危害带来的城市环境污染问题越来越突出。

对于浮尘危害问题,各地政府已开始关注,且出台了关于治理城市浮尘(或扬尘)的规定或实施条例,治理浮尘危害问题已经有法可依。政府也采取多项具体措施来解决浮尘危害问题,如提高城市绿化面积,责成环保部门定时出动洒水车和马路清扫车,对旧房拆爆作业、渣土车运输、烟花鞭炮鸣放以及汽车尾气排放做出相关规定,以限制城市浮尘的超标。这些措施对解决浮尘问题,净化城市环境起了重要的作用。但是,由于现实中并没有真正堵住浮尘产生的源头,高楼大厦与马路合围形成的浮尘集聚效应使浮尘依然不断出现,人们上学、上班、上街路上的烦恼照样存在。我国城市治理浮尘问题依然任重道远。

1.2 我们的创意

关注环境,保护环境,人人有责。我们对上学路上浮尘危害"耿耿于怀",于是对解决浮尘危害问题"情有独钟"。

那么,究竟要搞一个什么样的创新课题呢?我们在头脑风暴会上各抒己见。在发散思维的应用下,我们的想法真多,经过评议后我们达成了共识,认为"清扫天空"环保车比较有创意。但是我们不宜在"车"本身上搞发明,而只能在"清扫天空"的装置上动脑子。于是,我们有了车载式"清扫天空"装置的概念。进一步讨论,我们认为"清扫天空"只是一种理念,实现这一理念的载体应当是能够捕捉浮尘的装置,它可以安装在公交车、的士或专门的环保车上,不断地捕捉城市道路上空的浮尘。当然,这种装置的捕尘效果要好，效率要高，才能有应用推广价值。综合这些想法，我们决定以"车载式浮尘高效捕捉装置"为题进行研究与设计。

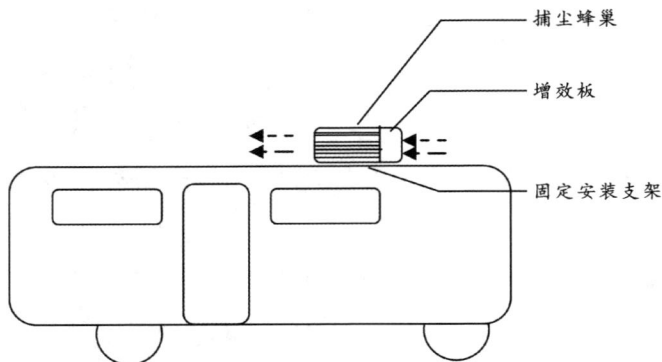

课题创意图

1.3 选题的价值

（1）实用价值。本选题来源于现实的需要，只要能够研发出来，就有实用价值。当然，靠几台装置是无法彻底解决城市道路上空的浮尘问题的，但有总比没有好。如果能够在大量的机动车辆上安装捕尘装置，它们来来往往地"清扫天空"，相信走在马路上的行人总可以少吸点浮尘。新装置与现有的地面清扫车、洒水车联合使用，立体作业，让尘埃无处可逃，使净化城市效果更好。

（2）启发价值。本选题将捕尘装置与交通工具结合，是一种组合创新。在室外进行高效捕尘并不是一件容易的事，许多技术问题需要我们去解决。我们对问题的创新求解、对新型环保设备的研发可能起到抛砖引玉的作用。

（3）教育价值。通过本项目的研究，提高自己的环境保护意识，丰富关于环境保护与治理方面的知识。对我们来说，项目研究是一次"学中干"和"干中学"的学习与实践过程，具有创新教育的价值。

二、研究目的与基本思路

2.1 研究目的

本项目的目的在于设计一种能够高效捕捉城市道路浮尘的装置。

这里所说的"浮尘"是指尚未落到地面的飘浮在空中的灰尘，它是由自然力和机械力产生的一种微粒状物质。城市浮尘的产生与人们的土木施工、车辆运行、沙尘天气、植被破坏等因素有关。浮尘中的有害物质影响人的身体健康。

这里所说的"城市道路浮尘"是指飘浮在城市道路上空的灰尘。因为城市建筑与街道的空间合围产生的浮尘集聚效应，使城市道路浮尘的浓度远远超过城区其他地方，是存在浮尘危害的主要场所，是装置实施捕尘作业的主战场。

这里所说的"高效"，包括下面三方面的含义。

(1)绝对概念。即装置在一定的时间里能够捕捉到更多数量的尘粒。

(2)相对概念。即装置相对其他类似设备在捕尘效果上更好。

(3)约束概念。即装置是在一定的约束条件下实现高效的。对本课题而言，约束条件是指空间开放、浓度不高、体积有限和移动作业等限制性条件。

2.2 基本思路

总的说来，本项目的研究是围绕实现装置"高效"性能要求来分析思考的。要回答"影响捕尘效果的因素是什么"和"怎样才能提高装置的捕尘效果"的基本问题，并以此为理论基础去设计车载式浮尘高效捕捉装置。在研究与设计中，要注意的地方有：

(1)采用车载式，一是为了适应城市道路浮尘捕捉需要，二是不再为装置提供移动的动力，三是通过车辆运动形成气流，将浮尘吸进捕尘装置。注意：装置安装在汽车顶部，其体积是受到限制的，这是实现高效的一大约束条件。此外，装置不能影响汽车的正常行驶，基本上不耗电，能很好地适应室外的环境。

(2)捕尘装置的基本原理是将尘粒"抓住"。能够"抓住"尘粒的常见设备有重力沉降式旋风除尘器、水膜除尘器、布袋除尘器和静电除尘器。我们需要对它们进行分析，看看能否将它们"搬"到汽车顶上使用。如果在技术上可行，则问题变得简单，只需要进行移植设计。如果不可行，则需要开发设计。当然，开发设计也需要借鉴现有的技术原理。

(3)捕尘装置设计需要解决的主要难题是如何提高捕尘效果。为此需要从分析影响因素出发，多角度地采取技术措施，并且将其固化到装置结构上。

三、捕尘装置的设计导向

3.1 常见除尘设备的比较

与本项目研究比较相关的现有技术主要是除尘技术。常见的除尘设备有重力沉降式旋风除尘器、水膜除尘器、布袋除尘器和静电除尘器，对它们进行比较，得到以下几点结论。

(1)机械式和湿式除尘方法适用于捕捉浮尘直径在10微米以上的大颗粒，不能捕捉小直径的汽车尾气和工业废气中的尘粒。

(2)传统的网状过滤器是使用小孔径的滤网捕捉较大直径的尘粒，如捕捉0.3微米至5微米直径大小的尘粒，必须采用小孔径、絮状结构的过滤器，但它对气流形成巨大阻力，因此一定要用大功率风机驱动。可见，滤网式过滤器不能使用在没有特别的辅助动力和引导风扇的情况下的捕尘。因此，此方法不适用于城市户外尘粒的捕捉。

(3)静电除尘技术可以捕捉0.3~5微米的细小尘粒。传统的静电除尘器主要由电晕电极、集尘电极、清灰装置、气流均匀分布装置组成。工业用的电除尘器由于占地面积大，制造、安装、运行的要求高，都是固定安装使用。另外，由于使用金属电极，除不绝缘无法在户外安全使用的问题外，还存在极间距和工作电压对提高除尘效率影响的矛盾。

值得注意的是，当静电除尘器有效面积(进气口)一定时，集尘电极越多，除尘面积越大，除尘效率就越高，但集尘电极面积增多，极间距离相应减小，工作电压降低，反过来又限制除尘效率的提高，所以传统的静电除尘器极距一般为200~350 mm，工作电压为40~70 kV。对于城市上空的气体含尘量，虽严重超过国家标准，但远低于工厂排放的烟尘浓度，因此应用传统的电除尘器捕捉城市道路上空的烟尘，其除尘效率并不高，不适合城市上空尘粒的高效移动捕捉。

3.2 创新设计的关键

通过以上比较分析，我们认为新设计的车载式捕尘装置可以静电除尘原理为基本依据，关键是要解决在空间开放、浓度不高、体积有限和移动作业等约束条件下提高装置捕尘效率的技术难题。

那么，影响静电除尘效果的因素有哪些？为此，我们进行了如下的理论分析。

如下图所示，设质量为 m、电量为 q 的尘粒随气流进入电极通道时，受到的重力和空气浮力可以相互抵消，可认为尘粒只受电场力的作用。

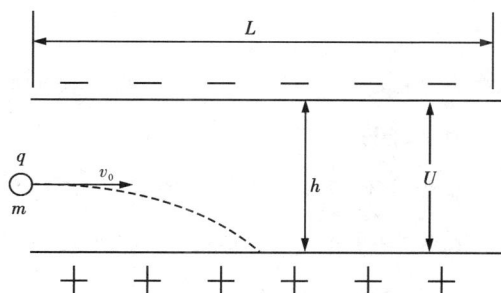

捕捉微粒原理图

当质量为 m 的尘粒随气流进入电极通道时，在电场中受到电场力 F 为：

$$F = Eq$$

式中：E 为电场强度，q 为尘粒的荷电量。

电场强度 E 为：

$$E = U/h$$

式中：U 为聚丙烯膜片电极电压，h 为两极板的间距。

尘粒在电场中的加速度 a 为：

$$a = \frac{F}{m}$$

设通道的长度为 L，风速为 v_0，则尘粒通过通道需要的时间为：

$$t_1 = L/v_0$$

同时，尘粒被极板吸住所需要的最大时间为：

$$t_2 = \sqrt{\frac{2h}{a}}$$

由以上关系式可推导出：

$$t_2 = h\sqrt{\frac{2m}{Uq}}$$

当 $t_1 = t_2$，即 $L/v_0 = h\sqrt{\dfrac{2m}{Uq}}$ 时，尘粒刚好处在被捕捉或未被捕捉的临界状态。

由以上理论分析表明，尘粒能否被捕捉与极板间电压、极间距、长度、气体流速和荷电量有关。

根据上面的理论指导和装置设计的实际情况，我们认为提高装置的捕尘效率主要应当解决以下技术问题：

(1)在有限的装置体积条件下增加捕尘用的电极对数。

(2)在有限的装置体积条件下增加捕尘通道的工作面积。

(3)合理确定影响俘获尘粒效果的捕尘通道的工作长度。

下面就这些关键技术的求解分别进行阐述。

四、装置的高效求解

4.1 基于电极对数的高效设计

为了在有限的装置体积条件下增加捕尘用的电极对数，我们再次召开头脑风暴会。会上李思珊同学从橡胶棒与毛皮产生静电吸引轻小物体的实验中获得了灵感，提出用非金属绝缘材料取代传统电除尘器中金属电极的设想，认为非金属电极更能适应车载式捕捉尘粒装置的室外作业，或许还能用减少电极距离的办法来增加电极对数，而又不发生电击穿的危险。另外，彭弋扬同学则从遥控器电路板上的碳电阻获得启发，提出可以在非金属绝缘材料上涂层碳浆试试，说不准还能提高捕尘效果呢。基于这些设想，我们进行了下面的验证性实验。

[实验1]电极材料的选择(略)。

实验目的：通过不同材料及其组合的带电吸尘实验，选择可用于设计新的捕尘装置的电极材料。

[实验2]聚丙烯塑料碳浆电极的击穿电场强度的测试实验(略)

实验目的：为了确定聚丙烯塑料碳浆电极的击穿电压，测试聚丙烯塑料碳浆电极的击穿电场强度。

通过上述实验，我们决定采用非金属聚丙烯碳浆电极来设计捕尘装置。这种电极板的结构如下图所示。

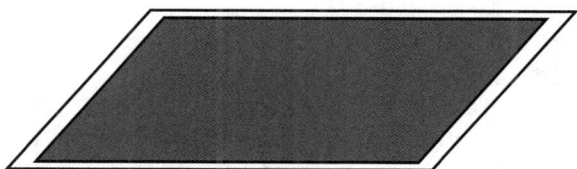

非金属聚丙烯碳浆电极

　　为什么说采用非金属聚丙烯碳浆电极能够增加电极对数，进而提高捕尘效果呢？对此解释如下：

　　如下图所示，与一个极距为 200 mm 的传统平板静电除尘器相比，采用聚丙烯碳浆电极单元时，由于其击穿电场强度大，电极间距就能做得很小（2 mm），因此在传统电除尘器相同面积（一对电极）下，可分布 200 mm/2 mm＝100 对电极。也就是其集尘面积是传统电除尘器的 100 倍，即用于捕获尘粒的有效功能面也增加了 100 倍。因此，使用这种非金属电极，可以在有限空间内大大增加电极对数和集尘电极的有效功能面，从而保证浮尘的高效捕捉。

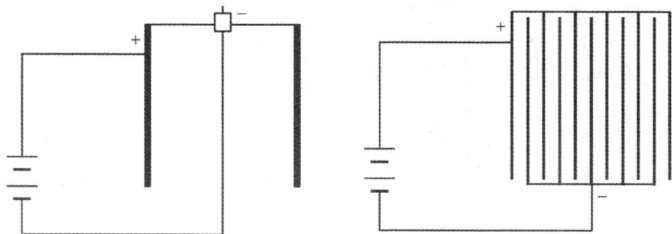

电极分布比较

4.2 基于通道结构的高效设计

　　聚丙烯塑料碳浆电极可以吸尘，但如何才能大量捕捉尘粒呢？特别是安装在汽车顶上的装置，其体积是有限的，在有限的装置空间里实现大量捕捉尘粒，关键是要提供更多的俘获尘粒的有效功能面。在讨论中，我们想到了蜂巢结构，并进行仿生设计。我们将传统的平板电极压成凸凹起伏的异形板，将它们进行叠加，得到一种类似蜂巢状的组合电极，形成的气流通道即为捕尘通道, 我们将其称为"捕尘蜂巢"。

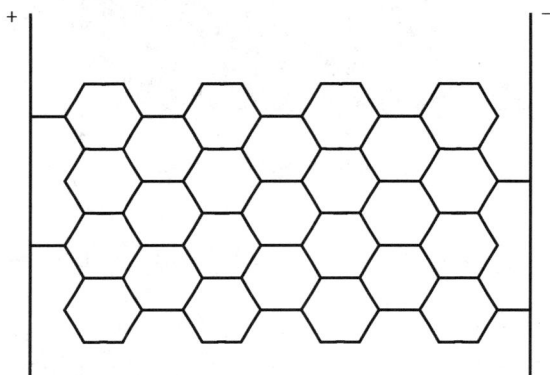

捕尘蜂巢结构示意图

[实验3]确定捕尘蜂巢电极间距实验(略)。

实验目的: 为了确定捕尘蜂巢电极间距, 使之达到最佳的捕尘效率。

[实验4]电压对捕捉效率影响实验(略)。

实验目的: 为了确定捕尘蜂巢电极间的电压, 使之达到最佳的捕尘效率。

4.3 基于通道长度的理论推算(略)

4.4 风速对捕捉效率的影响实验(略)

[实验5]风速对捕捉效率影响实验。

实验目的: 为了确定风速对捕捉效率的影响, 使之达到最佳的捕尘效率。

五、装置制作与试验

5.1 装置的制作

根据上述技术方案, 我们制作了装置的样机模型。

装置主要由12 VDC电源、逆变器升压电路、电晕放电增效板、聚丙烯碳浆电极单元叠加而成的捕尘蜂巢构成。工作时, 12 VDC电压, 经逆变升压电路, 将12 VDC转换至12 kVDC输出, 12 kVDC加在电晕放电增效板和捕尘蜂巢上。

实验装置

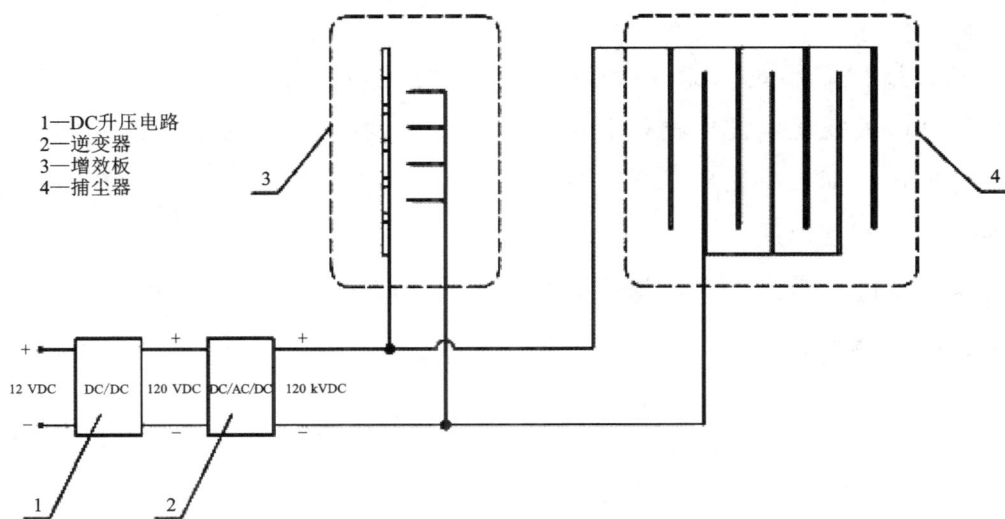

1—DC升压电路
2—逆变器
3—增效板
4—捕尘器

电路原理图

5.2 样机的捕尘效率测试(略)

[实验6]样机的捕尘效率测试。

实验目的：测试样机的捕尘效率。

以上测试结果表明，样机的捕尘效率达到了99%以上，效果可用。

六、主要贡献

本项目的主要贡献在于：

(1)提出"清扫天空"、捕捉浮尘的城市环保新理念，并研发出相应的技术和装置。本装置与地面清扫车、洒水车的配合，使立体化作业解决城市"烟灾尘祸"问题成为可能。

(2)解决了在尘粒相对浓度低和车顶位置有限的特殊的室外环境里高效俘获尘粒的技术难题。围绕"高效"的核心性能要求采取了三项技术措施：一是研发了一种采用聚丙烯塑料覆盖碳浆的电极单元，解决了缩小极间距与增加电击穿危险的矛盾，使通过增加电极对数来增效成为可能；二是用电极单元叠成类蜂巢结构，解决了车顶空间有限高度及宽度与增效需要扩大捕尘有效功能面的矛盾，从捕尘通道结构方面上保证了"高效"的实现；三是通过理论分析和实验研究确定了俘获尘粒的蜂巢通道的合理长度，解决了捕尘通道中气流运动与微粒碰击运动之间的矛盾，从相对运动关系方面保证了"高效"的实现。

(3)通过"车载式"装置的构思，依靠相对运动产生的通道气流效应实现了装置自助式吸气以提供捕获尘粒机会的功能，突破了传统静电除尘类设备需要提供产生负压装置的限制，安全、节电、环保，是城市环保设备与交通设备结合的有益尝试。

本项目进一步完善的设想是增加城市道路浮尘超标的报警功能。

参考文献(略)

第 6 章 社会公益劳动

　　我们都生活在社会环境里，理应关注社会公共利益，并且，我们应该知道，能够为社会大众做一些力所能及的服务是光荣的。同时，参加公益劳动对自己的身心健康成长也具有积极的促进作用。无论是世界清洁日的活动、维护文明交通的体验，还是发展家乡旅游的行动、服务社会主义新农村文化建设，都可以快乐地开展创造性劳动。

6.1 清洁日的活动

劳动聚焦

1. 自主阅读

世界清洁日活动

　　每年9月的第三个周日，是世界清洁地球日，简称世界清洁日。在这天，全球许多国家的民众会走出家门，共同参与到清理身边垃圾的行动中。在我们周围也有越来越多的人在世界清洁日前后，去到海滩边、景区里、山野间、高原上或市区中，为清洁环境开展义务劳动。

　　值得一提的是，在世界清洁日活动的感召下，中国的志愿者开展了名为"捡拾中国"的社会公益活动。2013年11月，13名户外运动爱好者在杭州环山游玩时，眼前所见不只是青山碧水，还有花花绿绿的垃圾。一路上，他们都在思考，人们在享受大自然提供的一切时，如何为环境做些力所能及的事。在大家俯身捡起垃圾的那瞬间，他们找到了最适合的行动方式。此后，他们陆续进行

世界清洁地球日海报

了数次净山活动，并产生了"捡拾中国"公益项目的灵感。该项目的主旨是倡导公众关注身边的垃圾问题，随手捡拾，随手公益。

　　"捡拾中国"公益项目创始人之一的王子人告诉记者，他们的团队还开发了一个名为"捡拾地图"的小程序，为感兴趣的公益组织提供帮助，升华活动水平。

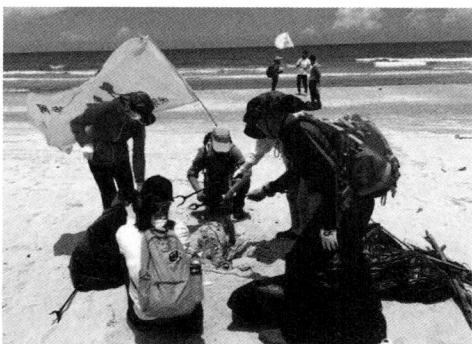

"捡拾中国"活动

2.问题思考

（1）对于"捡拾中国"公益项目活动，你有什么感想？

（2）在世界清洁地球日活动中，你想到什么公益劳动？

劳动视野

1.世界清洁地球日

地球是我们共同生活的家园。随着工业化的发展，工业废料和生活垃圾的日渐增多，地球有限的自净能力已难以承受日渐沉重的压力。例如，我们常用的泡沫快餐饭盒，由于它不能自行分解，对地球来说，就是一种永远无法消除的"白色污染"。

世界清洁日海报

又如，我们日常用的汽油、柴油等燃料，也是污染地球环境的元凶。地球是我们共同生活的家园，为了保持地球家园的洁净，大家要从我做起，不乱扔杂物，减少能源污染，维护地球的清洁，这就是世界清洁地球日活动的意义。

1987年，澳大利亚人伊恩·基南先生驾单人帆船环绕地球时，看到漂浮在海上的垃圾，深深觉得要做一些事。回到悉尼后，他在朋友的帮助下发起了"清洁悉尼港日"。这个活动召集了4000名志愿者清理废旧汽车、白色垃圾、玻璃瓶、烟头等。伊恩和他的朋友们认为既然一个城市可以行动起来，那么整个国家也行，于是发动全国人民一起动手，在1990年有30万志愿者参与了新一轮的"清洁澳大利亚日"。迄今为止，"清洁澳大利亚日"已成功办了16年。

同时，伊恩把眼光放到全世界，在得到联合国环境规划署（UNEP）支持后，世界清洁日在1993年第一次举办。自此，世界清洁日成为全球性社区活动，每年有超过130个国家、3500万人参与。

2016年，全球已经有113个国家采用其一日清洁模式推动国家间的环境清理行动。

2018年9月15日，从最早日出的新西兰到最西边的夏威夷，150多个国家、170万人接力了人类历史上规模最大、参与人数最多的垃圾清理环保马拉松。

和世界地球日一样，世界清洁日不是政治活动，它不属于任何党派或者政治团体，也不属于一个单一的意识形态。

2. 中国的世界清洁日行动

中国的世界清洁日行动由"捡拾中国"项目团队在Let's Do It? World授权后于2018年正式开启。

活动内容：清洁活动——传统的活动通常是一到两天的志愿者社区清扫活动；延伸计划——是对传统清洁活动的补充，包括植树、循环利用计划、生活垃圾处理设施的建立等；教育宣传——指导人们如何用积极正确的行为保护、改善环境。

世界清洁日活动

劳动实践

★劳动项目：环境清洁

【劳动目标】

（1）通过环境清洁劳动，树立环境保护意识。

（2）通过环境清洁劳动，养成环境保护习惯。

（3）通过环境清洁思考，激发环境清洁创意。

【劳动任务1】世界清洁日宣传活动

世界清洁日活动

□劳动过程

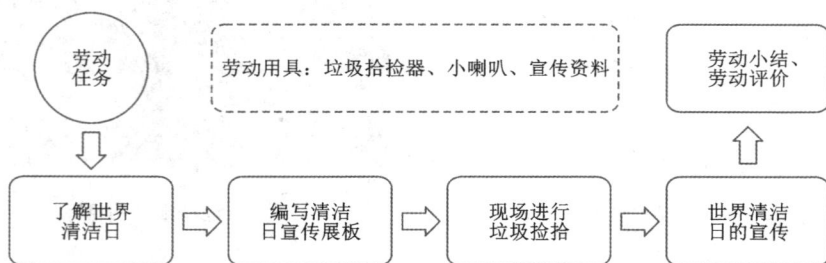

清洁日宣传活动过程

【劳动任务 2】拾捡失控垃圾

野外失控垃圾捡拾

□劳动过程

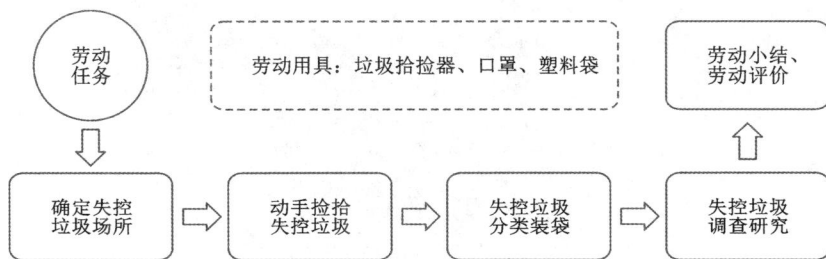

失控垃圾捡拾劳动过程

□劳动点拨

(1)垃圾问题。

垃圾是失去使用价值的废弃物品,是物质循环的重要环节。在人口密集的大城市,垃圾处理是一个令人头痛的问题,常见的做法是收集后送往堆填区进行填埋处理,或是用焚化炉焚化。但两者均会造成环境问题,而终止过度消费可进一步减轻堆填区的饱和程度。堆填区中的垃圾不但会污染地下水和发出臭味,而且很多城市可供堆填的面积已越来越小。焚化则不可避免地会产生有毒气体,危害生物体。目前多数城市在研究减少垃圾产生的方法,鼓励垃圾分类,资源回收。

（2）垃圾分类。

垃圾分类，一般是指按一定规定或标准将垃圾分类储存、分类投放和分类搬运，从而转变成公共资源的一系列活动的总称。

垃圾分类收集后便于对不同类垃圾进行分类处置。如对有机垃圾进行堆肥发酵处理，把有机垃圾制成农田用肥和绿化用肥，对没有回收利用价值的无机垃圾进行填埋处置，对热值较高的可燃垃圾进行焚烧处置。

垃圾分类是对垃圾收集处置传统方式的改革，是一种对垃圾进行有效处置的科学管理方法。人们面对日益增长的垃圾产量和环境状况恶化的局面，如何通过垃圾分类管理，最大限度地实现垃圾资源利用，减少垃圾处置量，改善生存环境质量，是当前世界各国共同关注的迫切问题之一。

垃圾可分为厨余垃圾、可回收物、有害垃圾和其他垃圾。

垃圾分类海报

厨余垃圾是指餐饮业单位、企事业单位、学校、食堂等产生的食物残渣和废料，俗称泔脚、泔水或潲水。厨余垃圾以淀粉类、食物纤维类、动物脂肪类等有机物质为主要成分，具有含水率高、油脂、盐分含量高、易腐发酵发臭等特点。

可回收物包括纸张、塑料、金属、玻璃、织物等。

有害垃圾主要指电池、节能灯、药品等有毒的垃圾。

除去上述三种，便归为其他垃圾。

生活垃圾分类

【劳动评价】

"清洁日的活动"劳动素养评价表

评价项目	评价要求	自我评价	小组评价	师长评价	备注
劳动观念	对世界清洁日的价值认识				
劳动能力	清洁日宣传活动策划能力				
	垃圾拾捡劳动技能				
	垃圾分类劳动技能				
	清洁日活动中的创意能力				
劳动习惯	清洁日的活动程序				
	清洁日的活动次数				
劳动精神	清洁日的活动作业是否精益求精				

注：在表中空白处填写评价等级，分 A（优秀）、B（良好）、C（一般）。

劳动创智

1. 创智之道：劳动精神

劳动精神是指崇尚劳动、热爱劳动、辛勤劳动、诚实劳动的精神。2020年11月24日，习近平在全国劳动模范和先进工作者表彰大会上的讲话中指出：在长期实践中，我们培育形成了爱岗敬业、争创一流、艰苦奋斗、勇于创新、淡泊名利、甘于奉献的劳模精神，崇尚劳动、热爱劳动、辛勤劳动、诚实劳动的劳动精神，执着专注、精益求精、一丝不苟、追求卓越的工匠精神。劳模精神、劳动精神、工匠精神是以爱国主义为核心的民族精神和以改革

劳动精神

创新为核心的时代精神的生动体现，是鼓舞全党全国各族人民风雨无阻、勇敢前进的强大精神动力。

劳动的内涵在更新，劳模的标准在"进阶"。"爱岗敬业、争创一流、艰苦奋斗、勇于创新、淡泊名利、甘于奉献"的二十四字劳模精神在任何时候都需要，都不过时，是伟大时代精神的生动体现，我们应珍惜荣誉，传承劳模精神。

2021年9月，党中央批准了中央宣传部梳理的第一批纳入中国共产党人精神谱系的伟大精神，劳动精神被纳入。

2. 创智之思

（1）有人说，垃圾是摆错了地方的财富。那么厨房垃圾能否变废为宝？为什么？

（2）左图为新设计的智能垃圾桶，发挥你的想象力，说说这种垃圾桶有什么智能之处。

（3）观察下图所示信息，你会联想到什么公益劳动？能从中悟出什么科技创意？

(a)

(b)

(c)

6.2　文明交通维护

劳动聚焦

1. 自主阅读

交通安全事故状况

世界卫生组织(WHO)2018年发布的"全球道路安全状况报告"显示：过去的一年中，全球交通事故死亡人数135万人，平均每24秒就有1人死于道路交通事故。发展中国家事故发生率，远远高于发达国家，而且还有不断扩大的趋势。

道路交通安全

当前，我国的交通安全形势不容乐观，主要问题有：

其一，道路交通事故发生率持续上升。以十万人作为统计单位，中国作为全球人口最多的发展中国家，2013年，中国交通死亡率为18.8，高于一般中等收入国家18.5的水平，更是高收入国家9.3的一倍。

其二，交通事故所造成的伤亡惨重，人财物等损失巨大。

其三，特大道路交通事故上升幅度大。

以上问题对当前经济社会的和谐发展造成了很大的影响。

造成交通事故频频发生的原因是多方面的，主要有：

其一，交通参与者的安全意识差。突出表现在：驾驶员安全行车的平均水平较低，骑车人和行人违章现象严重，交通参与者的安全防护意识、安全行车装备质量认识不够，如三角警告牌、灭火器、千斤顶、反光衣等安全行车装备配备不齐、质量达不到安全使用标准，都无法避免交通伤害事故。

其二，交通安全管理机制不健全。在监管方面力度不够，人为地降低了车辆的安全性能，对事故的责任追究不到位。

其三，道路环境不完善。突出表现在道路规划与设计方面未充分考虑人与交通的适应性问题，如未注意到安全设施的设计、标志标线规划等方面。

其四，车辆质量原因，如刹车不灵、安全装备质量差、轮胎磨损等。

2. 问题思考

(1) 为什么说交通安全，人人有责？

(2) 在交通安全维护方面，中学生可以开展什么公益活动（劳动）？

劳动视野

1. 文明交通行动计划

交通无处不在。"关爱生命、文明出行"应该是全体公民的一种意识。为深化"讲文明树新风"活动，切实增强公民文明交通意识，着力纠正各类违反交通法规的现象，创造良好道路交通环境，进一步提升公民文明素质和社会文明程度，中央文明办和公安部曾经在全国实施过"文明交通行动计划"。

文明交通行动计划宣传

2. 文明交通倡导

文明交通，倡导以下六大文明交通行为：机动车礼让斑马线，机动车按序排队通行，机动车有序停放，文明使用车灯，行人/非机动车各行其道，行人/非机动车过街遵守信号。

文明交通，要求大家自觉摒弃以下六大交通陋习：机动车随意变更车道，占用应急车道，开车打手机，不系安全带，驾乘摩托车不戴头盔，行人过街跨越隔离设施等六大交通陋习。

文明交通，坚决抵制以下六大危险驾驶行为：酒后驾驶，超速行驶，疲劳驾驶，闯红灯，强行超车、超员/超载。

文明交通行动计划海报

文明交通宣传活动

实现文明交通，交通执法管理部门重点抓好以下六项工作：

（1）广泛开展文明交通行为教育。

（2）进一步完善安全和管理设施。

（3）大力整治交通秩序。

（4）努力提升执法水平。

（5）大力营造浓厚氛围。

（6）切实强化社会监督。

劳动实践

★劳动项目：文明交通维护

【劳动目标】

(1)通过文明交通学习，树立文明交通意识。

(2)通过文明交通体验，了解文明交通规范。

(3)通过文明交通思考，激发文明交通创意。

【劳动任务1】交通安全知识竞赛

交通安全知识竞赛

□劳动过程

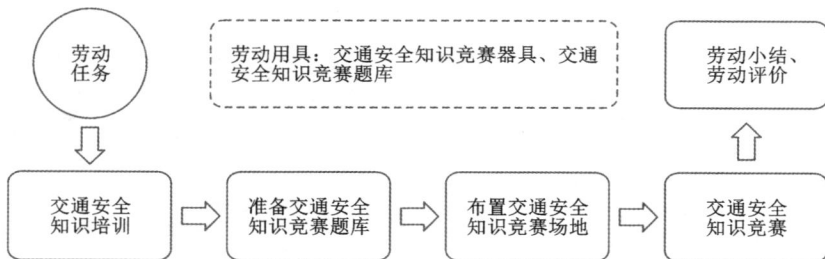

交通安全知识竞赛过程

【劳动任务 2】交通文明劝导活动

交通文明劝导活动

□劳动过程

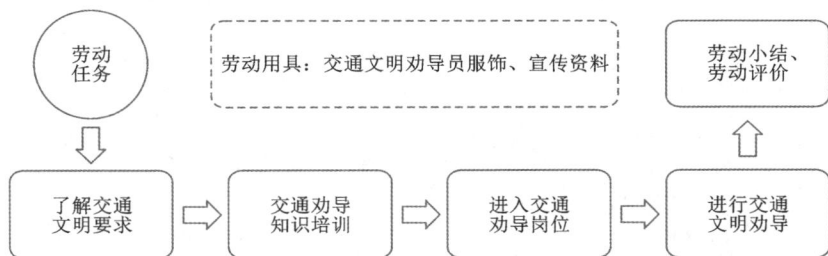

交通文明劝导活动过程

□劳动点拨

维护文明交通，人人有责。对中学生而言，开展社会公益活动，也可以选择"交通文明劝导员"义务劳动项目。

为了更好地维护城市交通安全文明，文明交通劝导活动应运而生，并成为城市交通的一道亮丽的风景线。在城区街头各个主要十字路口，在繁忙街道的斑马线上，站着身着红马甲、手持小红旗的劝导员。当红灯亮起，他们抬起文明交通劝导旗，提醒过往的驾驶员和行人勿闯红灯，而机动车和电动车也都停在了停止线内。

中学生开展文明交通劝导活动，事先需要邀请交警对同学们进行交通劝导员的岗前培训。交警一般会结合城区交通实际及交通特点，重点讲解城区路口的基本情况及人流车流的出行特点，并结合自身工作经验，从执勤方式、站姿站位、文明用语以及如何劝导机动车、非机动车、行人交通违章行为等方面的知识和方法进行传授，并普及交通安全法律法规、交通标志、标线等基本常识。

【劳动评价】

"文明交通维护"劳动素养评价表

评价项目	评价要求	自我评价	小组评价	师长评价	备注
劳动观念	对文明交通的价值认识				
劳动能力	文明交通宣传活动策划能力				
	文明交通信号认知技能				
	文明交通劝导技能				
	文明交通维护中的创意能力				
劳动习惯	文明交通维护程序				
	文明交通维护活动次数				
劳动精神	文明交通维护作业是否精益求精				

注：在表中空白处填写评价等级，分A（优秀）、B（良好）、C（一般）。

劳动创智

1. 创智之道：道路交通心理学

道路交通心理学是指交通心理学分支学科，主要研究道路交通中人的心理和行为。其主要包括以下内容：

（1）汽车驾驶员的特性与行为，如信息处理、知觉判断、反应能力等，心理负担与疲劳，如心理负担与道路环境的关系、驾驶疲劳分析等。

（2）事故心理，如影响驾驶的因素、肇事者的外部属性等。

（3）行人心理，如横穿道路现象，过街天桥设计等。

（4）交通设备，如道路和车辆设计中人的因素等。

（5）违章行为，如违章者的特性、社会环境等。

（6）驾驶员训练。

（7）交通安全教育。

（8）道路美感研究。

道路设计要考虑道路诸方面（如几何线形、坡度、道路设施、交通环境等）对驾驶员的心理作用。如直线道路，线形简单、方向清晰、行车距离最短，但景观单调，驾驶员容易精神松懈和疲劳，因此不宜过长。若适当采用平曲线，车辆运行时景观变化丰富，则能刺激驾驶员集中注意力，有助于安全行车。除增加道路刺激物外，还可采用电子清醒带、瞌睡防止器等。

2. 创智之思

（1）为了防止司机超速驾驶，道路上设置有右图所示的凸体减速带。想想它存在什么缺点？你有什么改进创意？

（2）道路上设置有斑马线，并且要求司机和行人在此文明通过。针对斑马线，你有什么科技创意？

（3）为了杜绝司机酒后驾驶，除了设卡采用监测仪器检查外，还可以运用什么方法？

（4）机器人交警已经在我国城市街头亮相执勤，说说它能够完成哪些任务。

6.3 家乡义务导游

劳动聚焦

1. 自主阅读

宁乡花明楼

　　花明楼，位于湖南省会长沙市宁乡市东南，靳江河畔，东北与岳麓区接壤，西南与湘潭市、湘乡市相邻，东距省会长沙20千米，南距毛泽东故里韶山30千米，西距县城34千米。花明楼旅游区因革命伟人刘少奇故居而建设的刘少奇同志纪念馆是全国爱国主义教育基地之一，而为国家5A级旅游景区。

宁乡花明楼景区

花明楼是宁乡市东南的一个美丽小镇。境内双狮岭重峦叠翠，清泉奔涌，幽谷灌区水渠与靳江交错而过，低吟浅唱，像两条银链镶嵌其间。盛唐诗人王维有诗云："柳暗百花明，春深五凤城。"宋代诗人陆游的"山重水复疑无路，柳暗花明又一村"更是脍炙人口。花明楼这块风水宝地孕育了明代翰林院士、有"楚陶三绝"美誉的陶汝鼐；太平天国孝天义王朱衣点；名震三湘的近代雕刻家周义；开民国刺绣与中国画相结合之先河的著名湘绣画师杨世焯；19世纪30年代，因绣美国总统罗斯福像而誉满全球的杨佩贞……尤其是一代伟人刘少奇的诞生，更使得花明楼之名响遍大江南北，成为数亿中国人民心中一颗光彩熠熠的星星。

如今的花明楼，已今非昔比，成了一个旅游胜地。双狮岭、森林公园、芙蓉寨、猴子石、姊妹桥、百木山、"大夫堂"、麻山宝塔、道林古镇、谢英墓、麒麟山、石柱书声等景观与"刘少奇故居"交相辉映，共同构筑出这方山水的奇美，赋予了它厚重的历史人文底蕴。

刘少奇故里

2.问题思考

(1)宁乡市旅游资源丰富，除花明楼外，还有哪些著名景区？

(2)如果开展义务导游活动，你认为要具备哪些素质？

劳动视野

1. 宁乡市简介

宁乡市，湖南省辖县级市，由长沙市代管，位于湖南东偏北的洞庭湖南缘地区、长沙市西部，市域总面积 2906 平方千米。

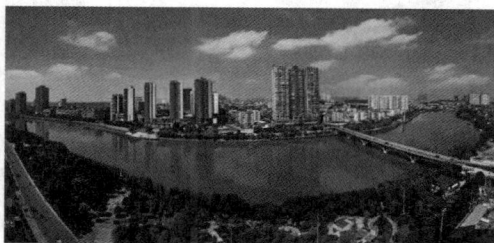

宁乡市风光

截至 2020 年 4 月，宁乡市下辖 4 个街道、21 个镇、4 个乡，市人民政府驻玉潭街道金洲大道 5 段 398 号。根据第七次人口普查数据，截至 2020 年 11 月 1 日零时，宁乡常住人口为 120 多万人。

2017 年 12 月，宁乡正式撤县建市。

宁乡市是湖南湘江新区的重要组成，有长株潭城际铁路、石长铁路过境，与高速公路、国道、机场形成宁乡的立体交通网。

密印寺

宁乡市的旅游资源有 5 个国家级生态村、刘少奇故居国家 5A 级旅游景区、灰汤温泉、沩山密印寺等。2021 年 10 月，入选"2021 中国智慧城市百佳县市"榜单。

劳动实践

★劳动项目：家乡义务导游

【劳动目标】

(1) 通过义务导游活动，树立热爱家乡情怀。

(2) 通过义务导游体验，培养沟通表达的能力。

(3)通过义务导游思考，激发旅游文化创意。

【劳动任务1】家乡旅游知识竞赛

旅游知识竞赛

□劳动过程

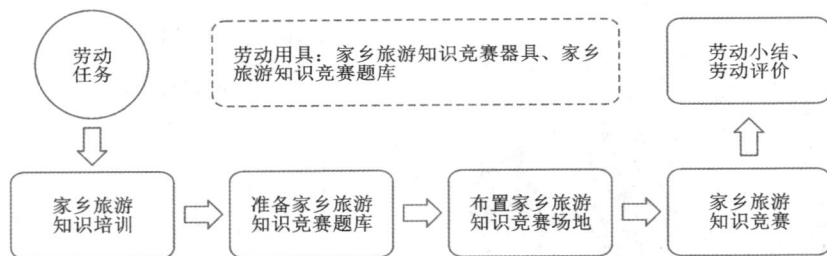

家乡旅游知识竞赛过程

【劳动任务2】义务导游服务活动

家乡义务导游活动

□劳动过程

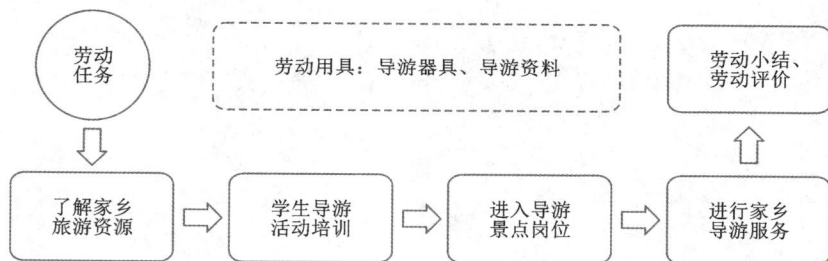

义务导游服务活动过程

□劳动点拨

在中学生的社会公益劳动中，开展义务导游活动也是一种选择。

导游是一种职业，其主要工作内容为引导游客感受山水之美，解决旅途中可能出现的突发事件，并给予游客食、宿、行等方面的帮助。在中国，凡希望从事导游业务活动的人都必须按规定参加导游人员资格考试。考试合格者，由文化和旅游部委托省、自治区、直辖市人民政府旅游行政部门颁发导游人员资格证书。导游通常挂靠在旅行社或集中到专门的导游服务管理机构。2018年1月1日起正式施行《导游管理办法》，导游执业不得出现擅自变更行程、诱骗或强迫消费等违法违规行为。

中学生开展义务导游活动，本质上是一种走进旅游天地的综合实践，虽然这种活动不需要组织学生去报考国家导游人员资格证，但是也要对参加此活动的学生进行必要的业余导游知识和技能培训，塑造导游职业人员的良好形象。其中包括：

（1）注重"第一印象"（从仪表仪容入手）。

（2）作为义务导游，在导游实践中也要始终坚持主动热情地对待每一位旅游者。善于与旅游者沟通情感，与他们建立友情。多向旅游者提供微笑服务、细致服务，使旅游者对导游人员产生亲切感。

当然，开展义务导游活动的学生应该熟悉家乡的旅游景点，准备好合适的景点讲解词。

家乡义务导游

【劳动评价】

"家乡义务导游"劳动素养评价表

评价项目	评价要求	自我评价	小组评价	师长评价	备注
劳动观念	对发展旅游的价值认识				
劳动能力	对旅游资源的了解能力				
	家乡义务导游的景点讲解能力				
	家乡义务导游的综合服务能力				
	家乡义务导游服务中的创意能力				
劳动习惯	家乡义务导游服务程序				
	家乡义务导游服务次数				
劳动精神	家乡义务导游服务作业是否精益求精				

注：在表中空白处填写评价等级，分 A（优秀）、B（良好）、C（一般）。

劳动创智

1. 创智之道：劳动素养

　　劳动素养是指劳动者在劳动过程中与之相匹配的劳动心态和劳动技能的综合概括，是衡量劳动者能否完成某项工作的最根本、最直接的工作能力指标。

　　劳动者的劳动不是简单的机械制造或再造，而是有生命、有理想的劳动者个体按劳动计划而展开的创造性工作。

　　劳动素养中的劳动心态包括：对待工作的态度，帮助服务对象的心态，对人的心智的解读，对服务对象需求的认知等。

　　劳动技能是在解决工作问题及矛盾的过程中，与之受劳动者支配和运用到的劳动工具及方法，并由此而产生并达到预定劳动结果的专业技能。

　　劳动素养和劳动技能是相互结合并依存的，符合人的思想指导行动的逻辑。

2. 创智之思

　　（1）宁乡出土了国宝级文物四羊方尊，据此可以提出什么创意？

（2）试根据图示的宁乡旅游景点，提出一项文化旅游创意产品的概念。

（3）宁乡市于 2018 年全面建成炭河里国家考古遗址公园，试提出高新技术融入公园的创意。

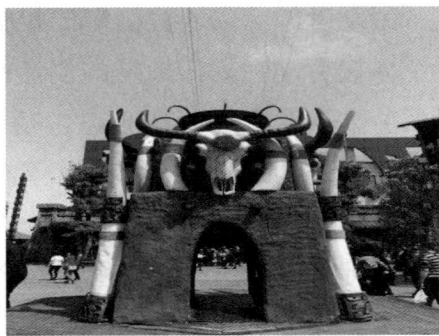

6.4　农村文化建设

劳动聚焦

1. 自主阅读

湖南(南县)国际涂鸦艺术节

湖南南县，地处洞庭湖区中心位置，头顶逶迤长江之腰，脚踏浩渺洞庭三湖，是有名的水乡泽国。2017 年 4 月 7 日，为期两天的首届国际涂鸦艺术节暨洞庭湖生态旅游美食文化节在南县罗文村拉开序幕。

湖南(南县)首届国际涂鸦艺术节

开幕式上，主持人说道："今天，我们在这里举办中国·湖南(南县)首届国际涂鸦艺术节暨洞庭湖生态旅游美食文化节，就是要充分展示南县醉人的湿地风光、多彩的湖乡文化、诱人的特色美食，让南县的美留在每个人心里。"南县县委书记在致辞中表示，近年来，南县以生态旅游为主的第三产业正在崛起，生态型效益农业蓬勃发展，特色生态工业初具规模。目前，利用国家大力推进农业供给侧结构性改革，深入实施洞庭湖生态经济区发展规划、长江中下游城市群发展规划等战略机遇，南县正着力于全域布局、全域开发、全业融合，大力创建国家生态文明建设示范县、全国文明城市、国家卫生县城、国家全域旅游示范区。

活动当天，中外知名涂鸦艺术家30余人来现场创作，其中有英、法、意、韩、丹麦、西班牙、克罗地亚7个国家的国际涂鸦艺术大师12人。

本次活动以"赏创意涂鸦，观洞庭风光，品南洲美食，享湖乡文化"为主题，划分为"创意涂鸦、生态旅游、南洲美食、招

南县罗文村的涂鸦

商引资"四大板块，按时序汇聚了国际涂鸦艺术节设计征集比赛、居民涂鸦创作、"欢乐潇湘·幸福南县"文艺晚会、开幕式及专场文艺演出、罗文花海帐篷节篝火嘉年华、招商引资项目集中签约及重点工程项目开工仪式等16项主题活动。

南县国际涂鸦艺术节的成功举办，对南县社会主义新农村建设起到了积极的促进作用。

2.问题思考

(1)南县国际涂鸦节与南县的新农村建设有何关系？

(2)结合新农村建设，怎样开展创造性公益服务劳动？

劳动视野

1. 新农村建设的提出

"建设社会主义新农村"，不是一个新概念，自 20 世纪 50 年代以来，曾多次使用过类似提法，但在新的历史背景下，党的十六届五中全会提出的建设社会主义新农村具有更为深远的意义和更加全面的要求。新农村建设是在我国总体上进入以工促农、以城带乡的发展新阶段后面临的崭新课题，是时代发展和构建和谐社会的必然要求。

2005 年 10 月 11 日，中国共产党十六届五中全会通过《中共中央关于制定国民经济和社会发展第十一个五年规划的建议》，提出要按照"生产发展、生活宽裕、乡风文明、村容整洁、管理民主"的要求，扎实稳步推进新农村建设。

2. 农村文化建设

社会主义新农村建设包括经济建设、政治建设、文化建设、社会建设和法治建设。其中的文化建设主要指在加强农村公共文化建设的基础上，开展多种形式的、体现农村地方特色的群众文化活动，丰富农民群众的精神文化生活。旅游是一种文化，发展农村旅游也是新农村文化建设的一种选择。

社会主义新农村建设战略是我们发展农村旅游业的指导方针。农村地区发展旅游业的最终目标是要在尊重当地农民意愿的前提下，促进农村基础设施建设，科学规划，改变农村落后面貌，实现农民增收，促进农村精神文明建设。

劳动实践

★劳动项目：新农村文化建设

【劳动目标】

(1)通过乡村文化建设服务，树立文化建设理念。

(2)通过乡村文化建设服务，培养文化建设能力。

(3)通过乡村文化建设思考，激发文化建设创意。

【劳动任务1】家风家训文创

家风家训文创

□劳动过程

家风家训文创过程

□劳动点拨

在加强农村公共文化建设过程中，家庭建设值得重视。"家之兴替，在于礼义，不在于富贵贫贱"，正确的价值观、财富观和生活方式，比什么都重要。重视家庭建设，应该进行家风家训传承。

（1）家风。

家风，如同一个人有气质、一个国家有性格一样，一个家庭在长期的延续过程中，会形成自己独特的风貌。这样一种看不见的精神风貌、摸不着的风尚习气，以一种隐性的形态，对家庭成员起着潜移默化的作用。家风作为特定家庭的传统，也是该家庭长时期历史汰选、传统沉淀的结果，是一辈又一辈先人生活的结晶。传统家风一般具有榜样性、社会性和传承性。

（2）家训。

◎忠恕家训
忧国忧民，奋发有为。
（沈炼家训警句）
莫务便己，凡事益国。
（白云上家训警句）
受国厚恩，自当竭力。
（彭玉麟家训警句）

◎仁爱家训
仁爱之举，心甘情愿。
（颜之推家训警句）
己不爱人，人谁爱己。
（司马光家训警句）
崇尚仁义，和睦向上。
（钟于序家训警句）

◎义正家训
交往有度，宜亲正人。
（姚舜牧家训警句）
事亲交友，惟有志义。
（王夫子家训警句）
不议他人，戒骄戒躁。
（曾国藩家训警句）

◎孝道家训
父训子戒，慎言成事。
（贺若弼家训警句）
孝敬事亲，人道至德。
（徐皇后家训警句）
不孝之徒，父母不德。
（姚延杰家训警句）

家训

家训，又称家诫、家诲、家约、遗命、家规、家教等，是指家庭对子孙晚辈立身处世、持家治业的教诲性和警示性文书。家训或单独刊印，或附于宗谱。家训，也是家庭文化中的重要组成部分，它在中国历史上对个人修身齐家发挥着重要的作用。

在我国家庭文化发展的历史长河中，出现过许多以资子孙遵行的家训文献。其中，最为人称道的名训，如《颜氏家训》《朱子家训》等，至今脍炙人口。当代教育大家郭齐家和李茂旭花多年心血编写的《中华传世家训经典》一书四册，其内容涵盖励志、勉学、修身、处世、治家、为政、慈孝、婚恋养生等方面，既是中华传统文化的一脉相传，又被编者赋予了接驳都市脉搏的时代色彩，堪称现代中国人生活生存的思想圣经。在这些家训名著中，有许多家训警句可供大家习读，或制作文创作品进行传播。

【劳动任务 2】公共场所创意涂鸦

涂鸦活动

□劳动过程

公共场所创意涂鸦活动过程

□劳动点拨

涂鸦，从字面上解释：涂，随意地涂抹；鸦，泛指颜色。"涂"和"鸦"加在一起就成了随意地涂抹色彩之意。但是，作为一种文化艺术的涂鸦创作，并非"乱涂乱画"。每幅涂鸦，都有想象，都可赋予内涵，或是个性化的情绪表达，或是对社会问题的呐喊。

涂鸦内容包括很多，主要以变形英文字体为主，其次有 3D 写实、人物写实、场景写实、卡通人物等，配上艳丽的色彩让人产生强烈的视觉效果和宣传效果。马来西亚著名旅游城市槟城的街头就有很多涂鸦，吸引各国旅游者慕名前往观看留影。

涂鸦

改革开放之后，涂鸦开始出现在中国的北京、上海、广州等大城市中，成为街头文化的一部分，且随着城市的发展，涂鸦也逐渐艺术化和商业化。它不仅见证着中国城市的变迁，也在成为城市建筑中的一道新风景。

中国城市涂鸦

此外，随着乡村旅游的兴起，也有人将涂鸦艺术推向农村。例如，湖南省南县的罗文村，在油菜花开季节举办国际涂鸦艺术节，为美丽乡村旅游增添活力。

现在，涂鸦之处已不再局限在民居的墙面，凡是可以作画的地方，都能见到不同内容的涂鸦。在新农村文化建设中，如果能够考虑创意涂鸦活动，则需要选择具有农村特色的涂鸦载体和有意义的涂鸦主题，使之与农村文化建设的大环境相匹配。

树林涂鸦

山石涂鸦

【劳动评价】

"农村文化建设"劳动素养评价表

评价项目	评价要求	自我评价	小组评价	师长评价	备注
劳动观念	对农村文化建设的价值认识				
劳动能力	对农村文化资源的了解能力				
	家风家训的讲解能力				
	农村涂鸦的表绘能力				
	农村文化建设中的创意能力				
劳动习惯	农村文化建设程序				
	农村文化建设服务次数				
劳动精神	农村文化建设作业是否精益求精				

注：在表中空白处填写评价等级，分 A（优秀）、B（良好）、C（一般）。

劳动创智

1. 创智之道：国学

广义的国学是指中国历代的文化传承和学术记载，包括中国古代历史、哲学、地理、政治、经济，乃至书画、音乐、易学、术数、医学、星相、建筑等。狭义的国学则是指中国古代学说，其代表是先秦诸子的思想及学说，包括儒家思想、道家思想、兵家思想、法家思想、墨家思想等。

国学智慧

国学，以先秦经典及诸子百家学说为根基，它涵盖了两汉经学、魏晋玄学、隋唐佛学、宋明理学、明清实学和同时期的先秦诗赋、汉赋、六朝骈文、唐宋诗词、元曲与明清小说并历代史学等一套完整的文化、学术体系。

国学，不仅仅是传统文化，也是先进文化、时尚文化；国学，不仅仅是自然国学，也是生命国学、家庭国学、公益国学；国学更是一种起源于原始太初而传承于历史现实的活着的正在继续的中正文明、和谐文化，是中华民族核心的价值理念和追求，是数千年来中国人思维方式、行为方式、生活方式、生产方式的高度总结，是中华母亲的乳汁，是中华儿女的血脉、精神和灵魂，是中国人信仰的天空和大地。在实现中华民族伟大复兴、迎接中华文化繁荣兴盛的今天，国学传承与发展任重道远。

2. 创智之思

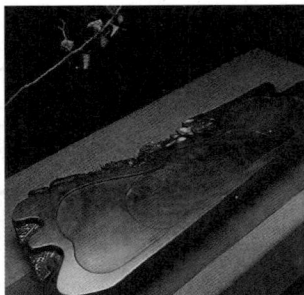

（1）右图所示是什么东西？有何作用？怎样让它成为家训文化载体？

（2）同学们在乡村开展家风家训宣传活动时，除了自编小报或展板之外，还可以采取哪些让人喜闻乐见的形式？

（3）观察右图，说说涂鸦采用了什么载体，从中带给你什么启示。

（4）在新农村文化建设中，怎样使创意涂鸦发挥积极作用？

附 录

教育部关于印发《大中小学劳动教育指导纲要(试行)》的通知

各省、自治区、直辖市教育厅(教委),新疆生产建设兵团教育局,有关部门(单位)教育司(局),部属各高等学校、部省合建各高等学校:

为深入贯彻习近平总书记关于教育的重要论述,全面贯彻党的教育方针,落实《中共中央 国务院关于全面加强新时代大中小学劳动教育的意见》,加快构建德智体美劳全面培养的教育体系,我部组织研究制定了《大中小学劳动教育指导纲要(试行)》,现印发给你们,请认真贯彻落实。

教育部

2020 年 7 月 7 日

大中小学劳动教育指导纲要(试行)

为深入贯彻习近平总书记关于教育的重要论述,全面贯彻党的教育方针,落实《中共中央 国务院关于全面加强新时代大中小学劳动教育的意见》,加快构建德智体美劳全面培养的教育体系,制定本指导纲要。

一、劳动教育性质和基本理念

(一) 劳动教育性质

劳动是创造物质财富和精神财富的过程,是人类特有的基本社会实践活动。劳动教育是发挥劳动的育人功能,对学生进行热爱劳动、热爱劳动人民的教育活动。当前实施劳动教育的重点是在系统的文化知识学习之外,有目的、有计划地组织学生参加日常生活劳动、生产劳动和服务性劳动,让学生动手实践、出力流汗,接受锻炼、磨炼意志,培养学生正确劳动价值观和良好劳动品质。

劳动教育是新时代党对教育的新要求，是中国特色社会主义教育制度的重要内容，是全面发展教育体系的重要组成部分，是大中小学必须开展的教育活动。它具有鲜明的思想性，必须将马克思主义劳动观贯彻始终，强调劳动是一切财富、价值的源泉，劳动者是国家的主人，一切劳动和劳动者都应该得到鼓励和尊重；倡导通过诚实劳动创造美好生活、实现人生梦想，反对一切不劳而获、崇尚暴富、贪图享乐的错误思想。具有突出的社会性，必须加强学校教育与社会生活、生产实践的直接联系，发挥劳动在个人与社会之间的纽带作用，引导学生认识社会，增强社会责任感；同时注重让学生学会分工合作，体会社会主义社会平等、和谐的新型劳动关系。具有显著的实践性，必须面向真实的生活世界和职业世界，引导学生以动手实践为主要方式，在认识世界的基础上，获得有积极意义的价值体验，学会建设世界，塑造自己，实现树德、增智、强体、育美的目的。

(二)劳动教育基本理念

1. 强化劳动观念，弘扬劳动精神。将劳动观念和劳动精神教育贯穿人才培养全过程，贯穿家庭、学校、社会各方面。注重让学生在学习和掌握基本劳动知识技能的过程中，领悟劳动的意义价值，形成勤俭、奋斗、创新、奉献的劳动精神。

2. 强调身心参与，注重手脑并用。把握劳动教育的根本特征，让学生面对真实的个人生活、生产和社会性服务任务情境，亲历实际的劳动过程，善于观察思考，注重运用所学知识解决实际问题，提高劳动质量和效率。

3. 继承优良传统，彰显时代特征。在充分发挥传统劳动、传统工艺项目育人功能的同时，紧跟科技发展和产业变革，准确把握新时代劳动工具、劳动技术、劳动形态的新变化，创新劳动教育内容、途径、方式，增强劳动教育的时代性。

4. 发挥主体作用，激发创新创造。关注学生劳动过程中的体验和感悟，引导学生感受劳动的艰辛和收获的快乐，增强获得感、成就感、荣誉感。鼓励学生在学习和借鉴他人丰富经验、技艺的基础上，尝试新方法、探索新技术，打破僵化思维方式，推陈出新。

二、劳动教育目标和内容

（一）总体目标

准确把握社会主义建设者和接班人的劳动精神面貌、劳动价值取向和劳动技能水平的培养要求，全面提高学生劳动素养，使学生：

树立正确的劳动观念。正确理解劳动是人类发展和社会进步的根本力量，认识劳动创造人、劳动创造价值、创造财富、创造美好生活的道理，尊重劳动，尊重普通劳动者，牢固树立劳动最光荣、劳动最崇高、劳动最伟大、劳动最美丽的思想观念。

具有必备的劳动能力。掌握基本的劳动知识和技能，正确使用常见劳动工具，增强体力、智力和创造力，具备完成一定劳动任务所需要的设计、操作能力及团队合作能力。

培育积极的劳动精神。领会"幸福是奋斗出来的"内涵与意义，继承中华民族勤俭节约、敬业奉献的优良传统，弘扬开拓创新、砥砺奋进的时代精神。

养成良好的劳动习惯和品质。能够自觉自愿、认真负责、安全规范、坚持不懈地参与劳动，形成诚实守信、吃苦耐劳的品质。珍惜劳动成果，养成良好的消费习惯，杜绝浪费。

（二）主要内容

主要包括日常生活劳动、生产劳动和服务性劳动中的知识、技能与价值观。日常生活劳动教育立足个人生活事务处理，结合开展新时代校园爱国卫生运动，注重生活能力和良好卫生习惯培养，树立自立自强意识。生产劳动教育要让学生在工农业生产过程中直接经历物质财富的创造过程，体验从简单劳动、原始劳动向复杂劳动、创造性劳动的发展过程，学会使用工具，掌握相关技术，感受劳动创造价值，增强产品质量意识，体会平凡劳动中的伟大。服务性劳动教育让学生利用知识、技能等为他人和社会提供服务，在服务性岗位上见习实习，树立服务意识，实践服务技能；在公益劳动、志愿服务中强化社会责任感。

（三）学段要求

1. 小学

低年级：以个人生活起居为主要内容，开展劳动教育，注重培养劳动意识和劳动安全意识,使学生懂得人人都要劳动,感知劳动乐趣,爱惜劳动成果。指导学生:(1)完成个人物品整理、清洗,进行简单的家庭清扫和垃圾分类等,树立自己的事情自己做的意识,提高生活自理能力;(2)参与适当的班级集体劳动,主动维护教室内外环境卫生等,培养集体荣誉感;(3)进行简单手工制作,照顾身边的动植物,关爱生命,热爱自然。

中高年级:以校园劳动和家庭劳动为主要内容开展劳动教育,体会劳动光荣,尊重普通劳动者,初步养成热爱劳动、热爱生活的态度。指导学生:(1)参与家居清洁、收纳整理,制作简单的家常餐等,每年学会1—2项生活技能,增强生活自理能力和勤俭节约意识,培养家庭责任感;(2)参加校园卫生保洁、垃圾分类处理、绿化美化等,适当参加社区环保、公共卫生等力所能及的公益劳动,增强公共服务意识;(3)初步体验种植、养殖、手工制作等简单的生产劳动,初步学会与他人合作劳动,懂得生活用品、食品来之不易,珍惜劳动成果。

2. 初中

兼顾家政学习、校内外生产劳动、服务性劳动,安排劳动教育内容,开展职业启蒙教育,体会劳动创造美好生活,养成认真负责、吃苦耐劳的劳动品质和安全意识,增强公共服务意识和担当精神。让学生:(1)承担一定的家庭日常清洁、烹饪、家居美化等劳动,进一步培养生活自理能力和习惯,增强家庭责任意识;(2)定期开展校园包干区域保洁和美化,以及助残、敬老、扶弱等服务性劳动,初步形成对学校、社区负责任的态度和社会公德意识;(3)适当体验包括金工、木工、电工、陶艺、布艺等项目在内的劳动及传统工艺制作过程,尝试家用器具、家具、电器的简单修理,参与种植、养殖等生产活动,学习相关技术,获得初步的职业体验,形成初步的生涯规划意识。

3. 普通高中

注重围绕丰富职业体验,开展服务性劳动和生产劳动,理解劳动创造价值,接受锻炼、磨炼意志,具有劳动自立意识和主动服务他人、服务社会的情怀。指导学生:(1)持续开展日常生活劳动,增强生活自理能力,固化良好劳动习惯;(2)选择服务性岗位,经历真实的岗位工作过程,获得真切的职业体验,培养职业兴趣;积极参加大型赛事、社区建设、环境保护等公益活动、志愿服务,强化社会责任意识和奉献精神;(3)统筹劳动教育与通用技术课程相关内容，从工业、农业、现代服务业以及中华优秀传统文化特色项目中，自主选择1—2项生产劳动，经历完整的实践过程，提高创意物化能力，养成吃苦耐劳、精益求精的品质，增强生涯规划的意识和能力。

4.职业院校

重点结合专业特点，增强职业荣誉感和责任感，提高职业劳动技能水平，培育积极向上的劳动精神和认真负责的劳动态度。组织学生：（1）持续开展日常生活劳动，自我管理生活，提高劳动自立自强的意识和能力；（2）定期开展校内外公益服务性劳动，做好校园环境秩序维护，运用专业技能为社会、为他人提供相关公益服务，培育社会公德，厚植爱国爱民的情怀；（3）依托实习实训，参与真实的生产劳动和服务性劳动，增强职业认同感和劳动自豪感，提升创意物化能力，培育不断探索、精益求精、追求卓越的工匠精神和爱岗敬业的劳动态度，坚信"三百六十行，行行出状元"，体认劳动不分贵贱，任何职业都很光荣，都能出彩。

5.普通高等学校

强化马克思主义劳动观教育，注重围绕创新创业，结合学科专业开展生产劳动和服务性劳动，积累职业经验，培育创造性劳动能力和诚实守信的合法劳动意识。使学生：（1）掌握通用劳动科学知识，深刻理解马克思主义劳动观和社会主义劳动关系，树立正确的择业就业创业观，具有到艰苦地区和行业工作的奋斗精神；（2）巩固良好日常生活劳动习惯，自觉做好宿舍卫生保洁，独立处理个人生活事务，积极参加勤工助学活动，提高劳动自立自强能力；（3）强化服务性劳动，自觉参与教室、食堂、校园场所的卫生保洁、绿化美化和管理服务等，结合"三支一扶"、大学生志愿服务西部计划、"青年红色筑梦之旅""三下乡"等社会实践活动开展服务性劳动，强化公共服务意识和面对重大疫情、灾害等危机主动作为的奉献精神；（4）重视生产劳动锻炼，积极参加实习实训、专业服务和创新创业活动，重视新知识、新技术、新工艺、新方法的运用，提高在生产实践中发现问题和创造性解决问题的能力，在动手实践的过程中创造有价值的物化劳动成果。

三、劳动教育途径、关键环节和评价

(一)劳动教育途径

将劳动教育纳入人才培养全过程,丰富、拓展劳动教育实施途径

1. 独立开设劳动教育必修课

在大中小学设立劳动教育必修课程。中小学劳动教育课平均每周不少于1课时,用于活动策划、技能指导、练习实践、总结交流等,与通用技术和地方课程、校本课程等有关内容进行必要统筹。职业院校开设劳动专题教育必修课,不少于16学时;主要围绕劳动精神、劳模精神、工匠精神、劳动组织、劳动安全和劳动法规等方面设计。普通高等学校要将劳动教育纳入专业人才培养方案,明确主要依托的课程,可在已有课程中专设劳动教育模块,也可专门开设劳动专题教育必修课,本科阶段不少于32学时;课程内容应加强马克思主义劳动观教育,普及与学生职业发展密切相关的通用劳动科学知识,并经历必要的实践体验。

2. 在学科专业中有机渗透劳动教育

中小学道德与法治(思想政治)、语文、历史、艺术等学科要有重点地纳入劳动创造人本身、劳动创造历史、劳动创造世界、劳动不分贵贱等马克思主义劳动观,纳入歌颂劳模、歌颂普通劳动者的选文选材,纳入阐释勤劳、节俭、艰苦奋斗等中华民族优良传统的内容,加强对学生辛勤劳动、诚实劳动、合法劳动等方面的教育。数学、科学、地理、技术、体育与健康等学科要注重培养学生劳动的科学态度、规范意识、效率观念和创新精神。

职业院校要将劳动教育全面融入公共基础课,要强化马克思主义劳动观、劳动安全、劳动法规教育。专业课在进行职业劳动知识技能教学的同时,注重培养"干一行爱一行"的敬业精神,吃苦耐劳、团结合作、严谨细致的工作态度。

普通高等学校要将劳动教育有机纳入专业教育、创新创业教育,不断深化产教融合,强化劳动锻炼要求,加强高等学校与行业骨干企业、高新企业、中小微企业紧密协同,推动人才培养模式改革。专业类课程主要与服务学习、实习实训、科学实验、社会实践、毕业设计等相结合开展各类劳动实践,注重分析相关劳动形态发展趋势,强化劳动品质培养。在公共必修课中,要

进一步强化马克思主义劳动观教育、劳动相关法律法规与政策教育。

3. 在课外校外活动中安排劳动实践

将劳动教育与学生的个人生活、校园生活和社会生活有机结合起来，丰富劳动体验，提高劳动能力，深化对劳动价值的理解。

中小学每周课外活动和家庭生活中劳动时间，小学 1 至 2 年级不少于 2 小时，其他年级不少于 3 小时；职业院校和普通高等学校要明确生活中的劳动事项和时间，纳入学生日常管理工作。

大中小学每学年设立劳动周，采用专题讲座、主题演讲、劳动技能竞赛、劳动成果展示、劳动项目实践等形式进行。小学以校内为主，小学高年级可适当安排部分校外劳动；普通中学、职业院校和普通高等学校兼顾校内外，可在学年内或寒暑假安排，以集体劳动为主，由学校组织实施。高等学校也可安排劳动月，集中落实各学年劳动周要求。

4. 在校园文化建设中强化劳动文化

学校要将劳动习惯、劳动品质的养成教育融入校园文化建设之中。要通过制定劳动公约、每日劳动常规、学期劳动任务单，采取与劳动教育有关的兴趣小组、社团等组织形式，结合植树节、学雷锋纪念日、五一劳动节、农民丰收节、志愿者日等，开展丰富的劳动主题教育活动，营造劳动光荣、创造伟大的校园文化。

要举办"劳模大讲堂""大国工匠进校园"、优秀毕业生报告会等劳动榜样人物进校园活动，组织劳动技能和劳动成果展示，综合运用讲座、宣传栏、新媒体等，广泛宣传劳动榜样人物事迹，特别是身边的普通劳动者事迹，让师生在校园里近距离接触劳动模范，聆听劳模故事，观摩精湛技艺，感受并领悟勤勉敬业的劳动精神，争做新时代的奋斗者。

(二)劳动教育关键环节

各地和学校要注重围绕劳动教育的目标和内容要求，从提高劳动教育的效果出发，把握劳动教育任务的特点，抓住关键环节，选择适宜的劳动教育方式。

1. 讲解说明。围绕劳动为什么、是什么问题，有重点地进行讲解，让学生懂得劳动的意义和价值。加强劳动观念、劳动纪律、劳动相关法律法规的正面引导，指明轻视劳动特别是轻视普通劳动的危害，让学生明辨是非。加强劳动知识技能的讲解，让学生认清事理，掌握实践操作的基本原理、程序、规则，正确使用工具的方法和技术。讲解要与启发思考、示范、练习等结合起来。

2. 淬炼操作。围绕如何做的问题，注重示范与练习，让学生会劳动。强化规范意识，注重从最基本的程序学起，严守规则，避免主观随意。强化质量意识，注重引导学生关注细节，每个步骤、环节都要精准到位。强化专注品质，注重引导学生对操作行为的评估与监控，做到眼到手到心到，有始有终。

3. 项目实践。围绕劳动能力的培养，让学生完成真实、综合任务，经历完整劳动过程。注重劳动价值体认，引导学生从现实生活中发现需求，选择和确定劳动项目。强化规划设计意识，充分发挥学生的主动性、积极性、创造性，引导学生对项目实践进行整体构思，综合运用所学知识、技术，不断优化行动方案。强化身体力行，锤炼意志品质，敢于在困难与挑战中完成行动任务。

4. 反思交流。围绕劳动价值意义的建构，引导学生总结、交流，促进学生形成反思交流习惯。指导学生思考劳动过程和结果与社会进步、个体成长的关联，避免停留在简单的苦乐体验上。组织学生交流分享劳动的体验和收获，肯定具有积极意义的认识，纠正观念上的偏差。将反思交流与改进结合起来，使学生在劳动中获得成长。

5. 榜样激励。围绕劳动的精神追求，树立典型，激发劳动热情。注意遴选、树立多类型榜样，不仅要有大国工匠、劳动模范，还要有身边劳动表现优异的普通劳动者和同学。指导学生从榜样的具体事迹中领悟他们的高尚精神和优良品质。明确要求学生在日常劳动实践中努力向榜样看齐。

(三)劳动教育评价

将劳动素养纳入学生综合素质评价体系。以劳动教育目标、内容要求为依据，将过程性评价和结果性评价结合起来，健全和完善学生劳动素养评价标准、程序和方法，鼓励、支持各地利用大数据、云平台、物联网等现代信息技术手段，开展劳动教育过程监测与纪实评价，发挥评价的育人导向和反馈改进功能。

1. 平时表现评价

要在平时劳动教育实践活动中及时进行评价，以评价促进学生发展。要覆盖各类型劳动教育活动，明确学年劳动实践类型、次数、时间等考核要求。关注学生在劳动教育活动中的实际表现，注重从行为表现中分析把握劳动观念形成情况。以自我评价为主，辅以教师、同伴、家长、服务对象、用人单位等他评方式，指导学生进行反思改进。要指导学生如实记录劳动教育活动情况，收集整理相关制品、作品等，选择代表性的写实记录，纳入综合素质档案，作为学生学年评优评先的重要参考。

2. 学段综合评价

学段结束时，要依据学段目标和内容，结合综合素质档案分析，兼顾必修课学习和课外劳动实践，对劳动观念、劳动能力、劳动精神、劳动习惯和品质等劳动素养发展状况进行综合评定。建立诚信机制，实行写实记录抽查制度，对弄虚作假者在评优评先方面一票否决，性质严重的应依法依规严肃处理。在高中和大学开展志愿者星级认证。高中学校和高等学校要将考核结果作为毕业依据之一。推动将学段综合评价结果作为学生升学、就业的重要参考。

3. 开展学生劳动素养监测

将学生劳动素养监测纳入基础教育质量监测、职业院校教学质量评估和普通高等学校本科教学质量评估。可委托有关专业机构，定期组织开展关于学生劳动素养状况调查，注重学生劳动观念、劳动能力、劳动精神、劳动习惯和品质等的监测。发挥监测结果的示范引导、反馈改进等功能。

四、学校劳动教育的规划与实施

(一) 整体规划劳动教育

学校是劳动教育的实施主体，应根据国家相关规定，结合当地和本校实际情况，对劳动教育进行整体设计、系统规划，形成劳动教育总体实施方案。方案要明确劳动教育目标内容、课时安排、主要劳动实践活动安排、劳动教育过程组织与指导及考核评价办法等。同时要基于学生的年段特征、阶段性教育要求，研究制定"学校学年(或学期)劳动教育计划"，对学年、学期劳动教育实践活动做出具体安排，特别是规划好劳动周等集中劳动，细化有关要求。使总体实施方案和学年（或学期）活动计划相互配套、衔接，形成可持续开展的劳动教育实施方案。

学校在劳动教育规划时要注意处理以下几个方面的关系：

1. 理论学习和实践锻炼的关系

理论学习和实践锻炼都是劳动教育的必要内容。理论学习重在让学生理解和掌握"劳动创造了人本身""劳动创造世界"等历史唯物主义基本理论主张以及劳动相关法律、法规、政策，作为行动的指南。实践锻炼重在将所学知识转化为真正有用的实际本领，形成良好的劳动习惯，弘扬劳动精神。规划劳动教育时，要两者兼顾，坚持以实践锻炼为主，切实保证每一个学生都有必要的劳动实践经历，不能只是口头上喊劳动、课堂上讲劳动。要通过学生实践前的计划构想、实践中的观察思考和实践后的反思交流，加深对有关思想理论、法规政策的理解，实现理论学习和实践锻炼的统一。

2. 劳动教育与其他教育活动的关系

在开足专门劳动教育必修课的同时，中小学劳动教育必修课实践环节中与综合实践活动的社会服务、设计制作、职业体验重叠部分，可整合实施。职业院校、普通高等学校劳动教育中学生生产劳动和服务性劳动可以通过专业实习、实训、创新创业等实践环节完成，日常生活劳动可以通过学生管理落实。

3. 劳动的传统形态与新形态的关系

将日常生活劳动教育贯穿大中小学始终。在安排生产劳动和服务性劳动项目时，中小学要以使用传统工具、传统工艺的劳动为主，引导学生体会劳动人民的艰辛与智慧，传承中华优秀传统文化，兼顾使用新知识、新技术、新工艺、新方法的劳动。职业院校、普通高等学校要注重结合产业新业态、劳动新形态，选择现代农业、工业、服务业项目，提升创造性劳动能力。

（二）劳动教育的组织实施

1. 实施机构和人员

学校要建立健全劳动教育组织实施的工作机制。明确主管校领导，设置机构或明确相关部门负责劳动教育的规划设计、组织协调、资源整合、师资培训、过程管理、总结评价等。

要建立专兼职相结合的劳动教育教师队伍。根据学校劳动教育需要，明确劳动教育责任人，进行劳动教育规划、组织实施、评价等，配齐劳动教育必修课教师，保持教师队伍的相对稳定性。要充分发挥教职员工特别是班主任、辅导员、导师的作用，利用少先队、共青团、党组织以及学生社团等各方面的力量，合力开展劳动教育实践活动。充分利用家长及当地人力资源，聘请相关行业专业人士担任劳动实践指导教师。

2.劳动安全风险防范与管理

学校要把劳动安全教育与管理作为组织实施的必要内容，强化劳动安全意识，建立健全安全教育与管理并重的劳动安全保障体系。

要依据学生身心发育情况，适度安排劳动强度、时长，切实关注劳动任务及场所设施的适宜性。科学评估劳动实践活动的安全风险，认真排查、清除学生劳动实践中的各种隐患。在场所设施选择、材料选用、工具设备和防护用品使用、活动流程等方面制定安全、科学操作规范，强化劳动过程每个岗位的管理，明确各方责任，防患于未然。制定劳动实践活动风险防控预案，完善应急与事故处理机制。要特别关注劳动过程中的卫生隐患，按照疾控、卫生健康部门及行业有关规定，采取相应措施，切实保护学生的身心健康。鼓励购买劳动教育相关保险。

3.建立协同实施机制

中小学要推动建立以学校为主导、家庭为基础、社区为依托的协同实施机制，形成共育合力。学校要通过家长会、家长学校、社区宣讲、网络媒体等途径，引导家长树立正确的劳动观；明确家长的劳动教育责任，让家长主动指导和督促孩子完成家庭、社区劳动任务；学校要与相关社会实践基地共同开发并实施劳动教育课程。

职业院校、普通高等学校要建立学校负责规划设计，行业企业社会机构主要负责业务指导，双方共同管理的劳动教育实施机制。通过建立劳模工作室、技能大师工作室，设置荣誉教师、实务导师岗位等，多渠道引入社会力量参与学校劳动教育。要联合社会力量，共建共享稳定的劳动实践基地、校外实习实训基地、各类型创新创业孵化平台，多渠道拓展劳动实践场所。

五、劳动教育条件保障与专业支持

地方教育行政部门要切实加强对劳动教育工作的组织领导，明确机构和人员承担区域推进劳动教育的职责任务,切实加强条件保障、专业支持和督导评估,整体提高大中小学劳动教育质量和水平。

(一)条件建设

1.丰富和拓展劳动实践场所

地方教育行政部门要统筹规划和配置劳动教育实践资源,满足学校多样化劳动实践需求。充分利用现有综合实践基地、青少年校外活动场所、职业院校和普通高等学校劳动实践场所,建立健全开放共享机制,特别是充分利用职业院校实训实习场所、设施设备,为普通中小学和普通高等学校提供所需要的服务。可安排一批土地、山林、草场等作为学农实践基地,确认一批厂矿企业作为学工实践基地,认定一批城乡社区、福利院、医院、博物馆、科技馆、图书馆等事业单位、社会机构、公共场所作为服务性劳动基地。推动学校充分利用校内学习、生活有关场所,逐步建好配齐劳动技术实践教室、实训基地,丰富劳动教育资源。

2.加强师资队伍建设

要明确劳动课教师管理要求,保障劳动课教师在绩效考核、职称评聘、评先评优、专业发展等方面与其他专任教师享受同等待遇。推动中小学、职业院校与普通高等学校建立师资交流共享机制,发挥职业院校教师的专业优势,承担普通学校劳动教育教学任务。建立劳动课教师特聘制度,为学校聘请具有实践经验的社会专业技术人员、劳动模范等担任兼职教师创造条件。

高等学校要加强劳动教育师资培养,有条件的院校开设劳动教育相关专业。把劳动教育纳入教育行政干部、校长、教师、辅导员培训内容,开展全员培训,强化劳动意识、劳动观念,提升劳动教育的自觉性。对承担劳动教育课程的教师进行专项培训,提高劳动育人意识和专业化水平。

3.健全经费投入机制

各地要统筹中央补助资金和自有财力,多种形式筹措资金,加快建设校内劳动教育场所和校外劳动教育实践基地,加强学校劳动教育设施建设,建立学校劳动教育器材、耗材补充机制。学校可按照规定统筹安排公用经费等资金开展劳动教育,可采取政府购买服务方式,吸引社会力量提供劳动教育服务。

（二）加强专业研究和指导

1. 加强劳动教育研究与指导

在全国教育科学规划、教育部人文社会科学研究项目中支持劳动教育研究。地方教育行政部门鼓励和支持相关机构设立劳动教育研究项目。设立一批试验区或试验学校，注重开展跟踪研究、行动研究。举办论坛讲座，营造良好学术氛围。

各级中小学教研机构要配备劳动教育教研员，组织开展专题教研、区域教研、网络教研，通过协同创新、校际联动、区域推进，提高劳动教育整体实施水平。鼓励高等学校依托有关专业机构开展劳动教育教学研究。

2. 组织开展劳动教育课程资源研发

基于劳动教育教学的实际需要，省级教育行政部门明确中小学劳动实践指导手册编写要求，体现"一纲多本"，满足不同地区学校的多样化需求，负责组织审查。职业院校可组织编写劳动精神、劳模精神、工匠精神专题读本，由编写院校或委托专业机构进行审查。鼓励学校、学术团体、专业机构等收集整理反映劳动先进人物事迹和精神的影视资料，组织研发展示劳动过程、劳动安全要求的数字资源，梳理遴选来自教学一线的典型案例和鲜活经验，形成分学段、分专题的劳动教育课程资源包，促进优质资源的共享与使用。

（三）督导评估与激励

1. 加强对学校劳动教育实施情况的督查

把劳动教育纳入教育督导体系，完善督导办法。对地方各级人民政府和有关部门保障劳动教育情况进行督导。对学校劳动教育开课率、学生劳动实践组织的有序性，教学指导的针对性，保障措施的有效性等进行督查和指导。督导结果要向社会公开，作为衡量区域教育质量和水平的重要指标，作为对被督导部门和学校及其主要负责人考核奖惩的依据。

2. 建立健全劳动教育激励机制

在国家级、省级教学成果奖励中，将劳动教育教学成果纳入评奖范围，对优秀成果予以奖励。依托有关专业组织、教科研机构等开展劳动教育经验交流和成果展示活动，激发广大教师实践创新的潜能和动力。积极协调新闻媒体传播劳动光荣、创造伟大思想，大力宣传劳动教育先进学校、先进个人。

图书在版编目(CIP)数据

中学生创造性劳动教育指导／潘道正，王普献，肖雪坤
主编. —长沙：中南大学出版社，2022.8(2025.4 重印)

ISBN 978-7-5487-4864-9

Ⅰ．①中… Ⅱ．①潘… ②王… ③肖… Ⅲ．①劳动课
—中学—教学参考资料 Ⅳ．①G634.933

中国版本图书馆 CIP 数据核字(2022)第 057869 号

中学生创造性劳动教育指导
ZHONGXUESHENG CHUANGZAOXING LAODONG JIAOYU ZHIDAO

潘道正　王普献　肖雪坤　主编

□出 版 人　林绵优
□责任编辑　谢贵良　梁　甜　张　倩
□封面设计　殷　健
□责任印制　唐　曦
□出版发行　中南大学出版社

　　　　　　社址：长沙市麓山南路　　　　　　邮编：410083
　　　　　　发行科电话：0731-88876770　　　传真：0731-88710482

□印　　装　湖南省众鑫印务有限公司

□开　　本　787 mm×1092 mm　1/16　□印张 18.75　□字数 310 千字
□版　　次　2022 年 8 月第 1 版　　　　□印次 2025 年 4 月第 2 次印刷
□书　　号　ISBN 978-7-5487-4864-9
□定　　价　59.00 元(全二册)

加强青少年劳动教育，引导学生崇尚劳动、尊重劳动，长大后为中华民族伟大复兴辛勤劳动、诚实劳动、创造性劳动。

壬寅夏 何继善题 🔲

本书系首届湖南省基础教育教学改革研究项目
"中学劳动教育164模式构建与实践"（项目编号Y20230002）的
研究成果

上册

中学生创造性劳动教育指导

潘道正　王普献　肖雪坤◎主编

编委名单◎

彭　伟	张良存	彭　欢	黄　俊	廖文波
万德强	陈建湘	喻　灿	黄　胜	殷　丹
肖　科	廖国锋	张学成	文建军	罗湘玲
阳荣中	秦　卫	谢　杰	邓泽华	周勇波
邓　鹏	戴喜强	喻学军	龚尚为	喻继星
喻普初	谢业兴	欧丹辉	李望雄	吴　伟
贾谷丰	周　方	范升坚	赵凌云	刘剑光
刘志勇	成　奋	黄跃青	段剑东	王晓艳
王　超				

宁乡市潘道正名校长工作室

中南大学出版社
www.csupress.com.cn
·长沙·

　　纵观近年来我国普通中学教育，虽然整体上朝着人的全面发展的大方向前进，但也存在某些不尽人意的地方，突出的表现之一是劳动独特的育人价值在一定程度上被忽视，劳动课程在学校教学过程中缺位，这在一定程度上制约了中学生劳动素养的形成与发展。为了落实学校教育德智体美劳"五育并举"的要求，普通中学教育必须补齐劳动这块"短板"。为此，党中央、国务院于 2020 年 3 月颁发《关于全面加强新时代大中小学劳动教育的意见》，教育部随之印发《大中小学劳动教育指导纲要（试行）》的通知 。此外，教育部还在印发的《义务教育课程方案》中，将劳动从原来的综合实践活动课程中完全独立出来，并发布《义务教育劳动课程标准（2022 年版）》。从 2022 年秋季开学起，劳动课将正式成为中小学的一门独立课程。

　　新时代的劳动教育，相对过去的劳动技术教育已有新的变化，以劳树德、以劳增智、以劳强体和以劳育美的教育理念，使劳动教育成为一种具有时代性、复杂性和创新性的教育系统工程。

　　为了提高中学生的劳动素养，学校劳动课程内容和教学方式需要与时俱进，创新发展。在贯彻执行国家义务教育劳动课程标准的前提下，如何因地制宜地进行劳动教育？对普通中学劳动教育来说，如何实现从原始劳动、简单劳动向复杂劳动和创造性劳动方向发展？更是值得学校去探究的课题。

　　值得欣慰的是，宁乡市一中紫金中学审时度势，一马当先，选择了城区初中劳动教育课程内容创新的教育科学课题，并经过不懈的努力，已有可喜的收获，眼前的这本《中学生创造性劳动教育指导》就是课题组取得的一项阶段性成果。

　　在一般人看来，为中学生编写一本劳动课程读本对有教学教研经验的老师来说并非难事。但是，面对素质教育改革的新态势和劳动教育的高阶期望，仅仅依靠过去积累的教学教研经验可能很难如愿。一般说来，适应环境强加的变化，进行常规学习和再现思考就能行事；如果主动发起新的变化，那就需要深层学习和创新思考。我们可以认为，撰写《中学生创造性劳动教育指导》，不历经深层学习和创新思考的心智劳动，以及脚踏实地的劳动教学实践，是不可能获得创造性研究成果的。

综观此书，可以发现它具有以下突出的特点：

其一，根据体现国家意志的加强新时代学校劳动教育的理念来建构中学生创造性劳动教育课程，深入浅出地阐述了开展创造性劳动教育的基本价值取向和实现该教育目标的实施路径。

其二，按照中学生创造性劳动教育的规律，建构了该课程的具有时代特征的六大劳动任务群和24个劳动项目为基本框架的内容体系，并且处理好了国家义务教育劳动课程标准要求与学校特色劳动教育期望之间的平衡关系。

其三，借鉴STEM教育教学方式设计了劳动聚焦、劳动视野、劳动实践和劳动创智的教学环节，突出以问题为中心的探究学习和实践。具有劳动教育+科学教育+创新教育的集成化教学特色。

时至今日，劳动教育成为普通中学素质教育理念下的一种刚性需求。有需求，就得有供给。从整体上看，《中学生创造性劳动教育指导》可以作为普通中学开展创造性劳动教育的一种课程资源。只要认真品味，深层学习和勇于实践，必有借鉴价值。

我很高兴地为本书的出版点赞，亦是为序。

中南大学　教授

2022 年 6 月

学校教育，育人为本。基于"五育并举"的教育理念，劳动教育同德育、智育、体育和美育具有同等重要的地位。由于社会经济和科技的巨大变革，党中央和国务院高瞻远瞩，于近年出台了《关于全面加强新时代大中小学劳动教育的意见》，学校劳动教育的性质、基本理念、教育目标、教育内容以及教育途径和评价方式都较之过去有了新的视野和新的要求。一般说来，新时期学校劳动教育应该将培育学生的劳动价值观，培育受教育者对劳动的内在热情与劳动创造的积极性等素养作为劳动教育最核心、最本质的价值目标；辅以劳动技能的训练为手段，通过培养学生的认知能力和行动能力，最终形成正确发展劳动观念、劳动习惯和劳动情感的核心目标。

我们关于中学创造性劳动教育的研究与实践，就是在上述宏观背景下的产物，摆在眼前的这本读物就是该项研究与实践的阶段性成果。

劳动教育的基本形式是劳动实践，对中学生来说，这类实践主要有日常劳动、生产劳动和服务劳动。从新时代劳动教育发展与创新的视野看，从原始劳动、简单劳动到复杂劳动和创造性劳动的转变，无疑是一种与时俱进的趋势。

创造性劳动，是相对常规性劳动而言的一种优质劳动境界。不管是日常劳动、生产劳动或服务劳动实践，都可能存在这两种不同水平的劳动特质。常规性劳动的特点，主要表现在依靠体力劳动来获得显而易见的物质性劳动成果；创造性劳动固然也需要体力劳动，但是它同时也内含智力劳动，链接物化劳动，力图通过这种劳动获得部分匠心独具的创意或创新成果。相对而言，开展专项创造性劳动或在常规劳动实践中激发学生的创造性，对提升新时代劳动教育的质量和水平更具价值。

基于对新时代劳动教育发展与创新的感悟，我们在宁乡市一中紫金中学首开创造性劳动先河，除了加强已有的劳动教育实践基地外，还开展了创造性劳动课题研究，与未来学校建设融合建构了创造性劳动课程体系，并努力使这种教改教研成果的应用惠及接受创造性劳动实践的全体学生。

春华秋实，经过近两年的努力，我们终于将创造性劳动教育的研究与实践成果通过《中学生创造性劳动教育指导》一书表达出来，以与同仁分享。

总的说来，《中学生创造性劳动教育指导》一书的编写，以教育部印发的《大中小学劳动教育指导纲要（试行）》为基本依据，以新时代劳动教育发展与创新为逻辑起点，以课程与教学论和创造学原理应用研究为中介，以构建适应城区中学创造性劳动教育需要的校本课程体系为逻辑终点。其课程的基本结构呈"164"结构形态。其中的"1"指一个核心理念，即发展创造性劳动教育，这种教育的基本特征是劳动教育＋科技教育＋创新教育。其中的"6"，是指设计的6类劳动主题，即校园文明创建、非遗文化传承、田园种植收获、简单工艺制作、科技创新活动和社会公益活动。对于每一项劳动主题，可以设置不同的劳动任务。其中的"4"，是指创造性劳动教育所具有的四大教学环节，即劳动聚焦、劳动视野、劳动实践和劳动创智。其中的劳动聚焦环节，是劳动导引，要求学生自主阅读与劳动任务相关的材料，明确相应的劳动实践问题；劳动视野环节，是知识拓展，要求学生自主学习与劳动任务相关的知识和信息，开拓创造性劳动认知视野；劳动实践环节，是劳动教育的核心，是对劳动实践项目的设计指导；劳动创智环节，是对劳动任务的创新思考，期望学生能够在劳动实践过程中发挥主观能动性和创造性，提出相应的创意或完成某项微创新任务。当然，这四大环节分工不同，但在劳动实践中应该相辅相成，协同促进创造性劳动教育实践的循序渐进和目标实现。

《中学生创造性劳动教育指导》一书，是按照6类劳动主题分章阐述的，但这不意味创造性劳动实践一定照此顺序开展。学校应该因地制宜、因校制宜、因生制宜，灵活变通地选择创造性劳动的主题。

由于编写中学生创造性劳动校本课程读物或教材尚处探索阶段，书中难免存在不足之处，期望中学劳动教育领域的专家学者，特别是试用过本书的教师批评指正，以求不断修正和优化。

编　者
2022 年 6 月

CONTENTS 目 录

第 1 章 校园文明创建

校园，是我们学习与生活的地方。创建校园文明，是全校师生的共同愿景。同学们在校园里开展卫生清扫、绿化养护、宿舍文化建设和低碳生活，都是在为校园文明付出辛勤劳动。如果在这种日常劳动中充分发挥主观能动性和创造性，我们便可以享受劳动的快乐和创造的荣耀。

1.1　校园卫生清扫

劳动聚焦

1. 自主阅读

扫地，古已有之。关于扫地，在唐宋诗词中也曾出现。这里挑选几首，供大家阅读鉴赏。

夏日闲放

唐·白居易

时暑不出门，亦无宾客至。静室深下帘，小庭新扫地。襄裳复岸帻，闲傲得自恣。朝景枕簟清，乘凉一觉睡。午餐何所有，鱼肉一两味。夏服亦无多，蕉纱三五事。资身既给足，长物徒烦费。若比箪瓢人，吾今太富贵。

《唐宋诗词鉴赏》

古人扫地图

赠郑尹

唐·白居易

府池东北旧亭台，
久别长思醉一回。
但请主人空扫地，
自携杯酒管弦来。

3

贫家净扫地

宋·苏轼

贫家净扫地，贫女好梳头。

下士晚闻道，聊以拙自修。

叩门有佳客，一饭相邀留。

春炊勿草草，此客未易偷。

慎勿用劳薪，感我如薰莸。

德人抱衡石，铢黍安可廋。

绍古辞

南北朝·鲍照

开黛睹容颜，临镜访遥涂。

君子事河源，弥祀阙还书。

春风扫地起，飞尘生绮疏。

文袿为谁设，罗帐空卷舒。

不怨身孤寂，但念星隐隅。

扫地吟

宋·邵雍

管晏治时犹有体，苏张用处更无名。

三皇五帝从何出，扫地中原俟太平。

2.问题思考

(1)唐宋诗词中出现"扫地"说明了什么？

(2)学生参加校园卫生清扫有什么意义？

(3)校园清扫这种简单劳动能否产生创造性成果？为什么？

劳动视野

1.扫地的典故

扫地，作为汉语词语，其基本解释是指用扫帚等工具清扫地面，语出《孔子家语·致思》："于是夫子再拜受之，使弟子扫地，将以享祭。"宋代学者苏轼在《拟进士对御试策》中说："兔首瓠叶，可以行礼；扫地而祭，可以事天。"

在中国文化中，"扫地"一词还有引申义，即用来比喻名誉、威信等全部丧失。与扫地相关的成语有：扫地出门、颜面扫地、扫地以尽、体面扫地、衣冠扫地、威信扫地、威风扫地、纲常扫地、斯文扫地和五经扫地等。其中,五经扫地源自一典故。唐中宗时,韦后左右政局,大臣祝钦明为了升官,有意奉承韦后。有一次,在韦后宴请文武百官为亲族办婚事时,祝钦明为了献媚,在殿堂上跳起"八风舞"。祝钦明体胖貌丑,蹲在地上摇着脑袋,鼓着眼睛,左顾右盼,不成体统。唐中宗看后大笑。由于祝钦明是精通五经的文人,因此,吏部侍郎卢藏用感叹道:"真是五经扫地。"

2.清扫工具的发明

（1）扫把。

"黎明即起,洒扫庭除。"这是中华民族的一种居家生活传统。扫地需要工具,古人在劳动中发明了扫把。扫把其貌不扬,但它的发明对人类的健康生活和文明创造具有重要作用。

扫把源于中国。传说四千年前的夏代,有个叫少康的人,一次偶然看见一只受伤的野鸡拖着身子向前爬,爬过之处的灰尘少了许多。他想,这一定是鸡毛的作用,于是抓来几只野鸡拔下毛来制成了第一把扫把——鸡毛掸子。由于鸡毛太软,又不耐磨损,少康便将鸡毛换成草料、竹条等,并将它们固定在木棍的一端并捆紧,于是能够清扫地面的扫把便做成了。

竹扫把

多少年过去了,人们在农村地区还可以看见比较原始的草扫把和竹扫把。

随着人们家庭物质生活水平的提高,扫把的用料也越来越考究,针对不同质地的地面可以使用不同的扫把,如竹扫把、棕扫把、毛扫把和塑料扫把等。目前,清扫瓷砖地面和木板地面时使用得最多的是塑料扫把。

使用扫把扫地,从科学上看是运用了力学上的摩擦力原理。扫把与地面的摩擦越大,扫地就越费力,扫把就越容易磨损。清扫公路或有沙石垃圾的地面,与清扫铺有瓷砖的地面比较,需要的力显然是不同的。因为需要清扫的地面情况各不相同,所以需要有不同材质的扫把。

不同材质的扫把

（2）拖把。

随着住宅地面的变化和人们对地面卫生要求的提高，除了扫地之外，人们还想到了拖地，于是发明出拖把这种劳动工具。

拖把的发明源于抹布，在长木柄一端捆扎若干束布条，便成了擦洗地面的布拖把。它与扫把最大的区别是需要用水，因此，拖地过程中是湿布与地面的摩擦，其劳动过程比扫地要复杂一些。

为了解决传统拖把需要用手拧干水分的缺点，人们不断发明出下图所示的收缩挤压式拖把和离心甩干式拖把。

传统布拖把

新型拖把

（3）玻璃刮与擦玻璃器。

校园大扫除时，除了扫地、拖地之外，还要对教室的课桌、玻璃窗进行清洁，其中擦玻璃窗是一种比较麻烦且需要注意安全的劳动。清洁玻璃窗时，一般使用专门的抹布，也可以使用玻璃刮和双面擦玻璃器。

常见的玻璃刮由手柄、刮板、橡胶刮条等组成，将胶条紧贴在玻璃上轻轻一刮，即可除去玻璃上的灰尘。双面擦玻璃器由两块刮板组成，利用磁铁吸附原理，将两块刮板分别吸附在玻璃内外表面，能达到内擦外也净的效果。

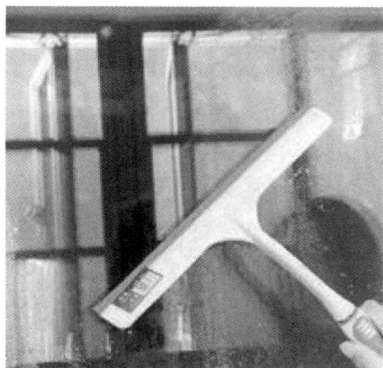

玻璃刮　　　　　　　　　　　　双面擦玻璃器

3.清扫机械化

随着科学技术的进步和人们提高生活质量的需要，扫地、拖地和擦窗玻璃等清扫劳动逐渐被相应的清扫作业机械所替代。例如，吸尘器、手推式扫地车和驾驶式扫地车的发明和使用就是如此。

（a）吸尘器　　　　　（b）手推式扫地车　　　　　（c）驾驶式扫地车

扫地作业机械

劳动实践

★劳动项目：校园卫生清扫

【劳动目标】

(1)通过校园卫生清扫，树立校园文明创建意识。

(2)通过校园卫生清扫，培养日常劳动的良好习惯。

(3)通过清扫创意，激发创造性劳动的志趣。

【劳动任务1】清扫校园道路

清扫校园道路

□劳动过程

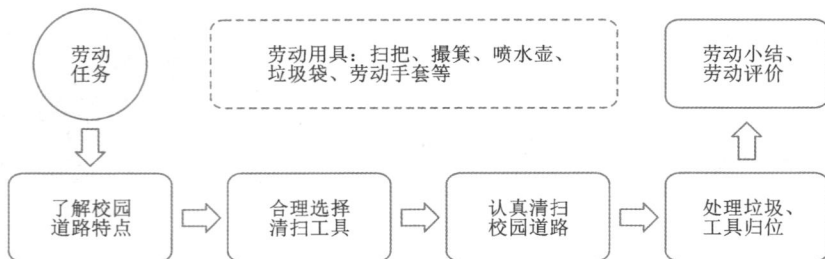

清扫道路过程

□劳动点拨

扫地劳动看似简单，但也有方法可循。正确的扫地方法为：

（1）扫前要观察地面是否有尘土，若有，则要均匀地洒点水，以润湿地面，减少扬尘发生，片刻后再轻轻打扫，速度要慢，扫把也别扬得太高。

（2）扫地时用力要适当，注意清扫方向和顺序，切忌"漂扫"和"画大字"。如果是小块地面，则往中心扫；如果是大块地面，则采用"画平行线"的方式将垃圾扫至一处，再一齐扫走；如果遇到粘在地面的纸屑或落叶，可用扫把头部铲扫，再将它们揭起。

（3）左手拿撮箕，右手拿扫把，扫地时弯腰，以自己为中心打扫，撮箕不能离地，以免扬起灰尘。

（4）扫净地面后，如果是木地板或瓷砖地面，还要用拖把拖两次，以彻底清除脏污。对有积水的地面，则要先用拖把将水吸走。

【劳动任务 2】清洁教室

清洁教室

□劳动过程

```
  ┌────────┐    ┌────────────────────────┐              ┌──────────┐
  │ 劳动   │    │ 劳动用具：扫把、拖把、抹布、玻璃刮、│              │ 劳动小结、│
  │ 任务   │    │ 洗涤剂、劳动手套等         │              │ 劳动评价 │
  └────────┘    └────────────────────────┘              └──────────┘
      ↓                                                        ↑
  ┌────────┐    ┌────────┐    ┌────────┐    ┌────────┐
  │ 了解教室│ ⇒ │ 选择工具│ ⇒ │ 擦书桌、│ ⇒ │ 处理垃圾、│
  │ 卫生要求│    │ 打扫地面│    │ 擦玻璃窗│    │ 工具归位 │
  └────────┘    └────────┘    └────────┘    └────────┘
```

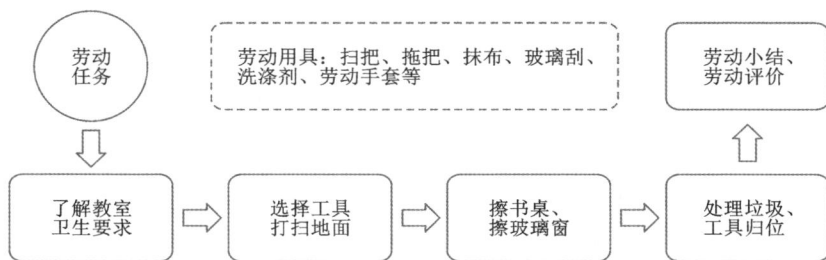

清洁教室过程

□劳动点拨

清洁教室,主要包括清扫教室地面、擦书桌和擦玻璃窗。其中擦玻璃窗相对而言要复杂一点儿,当教室的楼层较高时,擦玻璃窗时要特别注意安全问题。

为了保持窗明几净,玻璃窗脏了就要擦干净。总的来说,擦玻璃窗有以下三步:(1)用湿布将灰尘擦掉;(2)用干布将水拭净;(3)用报纸等将污渍擦去。

用报纸擦拭玻璃的技巧有:

(1)先用湿布,再用干布,最后用报纸擦玻璃。

(2)先用湿布把玻璃上的尘土、污垢揩掉,再将报纸揉成一团,在湿的玻璃上擦拭。报纸上的印刷油墨可以让玻璃变得更光亮,同时无须担心油墨会附着在玻璃上。

(3)先用报纸蘸水擦玻璃,然后用干报纸擦,可使玻璃洁净。

(4)先将报纸浸湿并团成团儿(或在纸上喷点儿水),然后直接擦玻璃。

【劳动评价】

"校园卫生清扫"劳动素养评价表

评价项目	评价要求	自我评价	小组评价	师长评价	备注
劳动观念	校园卫生清扫劳动价值认识				
劳动能力	劳动工具的掌握程度				
	清扫劳动任务的完成效率				
	清扫劳动任务的完成质量				
	清扫劳动过程中的创意能力				
劳动习惯	清扫劳动程序				
	清扫劳动次数				
劳动精神	清扫劳动过程是否精益求精				

注:在表中空白处填写评价等级,分 A(优秀)、B(良好)、C(一般)。

劳动创智

1. 创智之道：创造

劳动创造一切。那么，什么是创造？

创造之义，古已有之。古人观天象，察地理，究天人之变，穷宇宙之物，得一万物共同之理。此理老子称之为"道"。"道生一，一生二，二生三，三生万物。"故"道"含有创造蜕变之生机。《易经》以一阴一阳、相生相克之理解释宇宙万物演变之现象，又以"生生之谓易"解释万物演变之基本道理，可见《易经》中的"易"，亦含有"创造"之意。

对于"创造"，我们通常从词义学去理解。在《韦氏英语大词典》中，对"creativity"（创造）一词的解释是"make out of nothing"（无中生有）或者"for the first time"（首创）；在《辞海》中，则认为"创造"是指"做出前所未有的事物"。

在创造学中，通常从两方面去理解创造的内涵：其一，将它理解为一种新成果或"创造品"（product），如新的科学发现、技术发明、技术创新或艺术作品，都称为创造；其二，将它理解为产生新成果的"创造过程"（process）。

人的价值取向不同，对创造价值的选择也可能有侧重。有人看重创造的经济价值，有人看重创造的社会价值，也有人看重创造的发展价值。

在劳动教育中，我们看重的是以劳树人、以劳增智、以劳健体和以劳育美的教育价值，同时期望能从原始劳动、简单劳动向复杂劳动和创造性劳动发展。创造性劳动，是指能够充分发挥主观能动性和创造性的劳动理念和劳动实践。

创造性劳动并非是一种特定的劳动类型。无论是日常生活劳动、生产劳动，还是服务性劳动，只要劳动主体能够想方设法减轻劳动强度，提高劳动效率，保证劳动质量，都属于创造性劳动。

在人工智能时代，智能机器最终会取代人去完成重复性、艰苦性的劳动，而人则去做非他莫属的劳动——创造。

2. 创智之思

（1）有人在清扫劳动中基于劳动工具的使用获得灵感，进而发明出右图所示的东西，猜猜它是什么，采用的是什么技术原理。

（2）左图所示为一种新型拖把，试说明该拖把的创新之处。

（3）有人在打扫卫生过程中悟出了右图所示的新工具，说说该工具的用途和创新点。

（4）观察左图，说说它是做什么的，在设计上有何创新之处。

1.2　校园绿化养护

劳动聚焦

1. 自主阅读

崇拜古树的地方

在人类历史的长河中，最原始的宗教信仰是对自然事物的崇拜，如崇拜日月星辰、风雨雷电或花鸟虫兽等。这种原始的宗教信仰体现了人类对自然力量的敬畏。

在湖南省邵阳市隆回县的虎形山中，有一个名叫崇木凼的花瑶族村落。这里的妇女擅长刺绣，并且喜欢穿绘有图案的衣服，这里的人崇拜高大的古树。

花瑶人与古树林

行走在崇木凼的村前屋后，到处是古树群落。一棵棵粗壮的树木，矗立在大地之上；浓密繁茂的枝叶，蔚然地撑覆于空，使人抬头只见树叶，不见太阳。根部那皴裂的树皮，树干上暗红或者深黑的印记，更让人感受到它们的古老和沧桑。花瑶人还把古树分为祖公树、祖婆树、树丞和树王。树下偶尔还能看到一些未燃尽的香烛，它们是附近村民来祭拜大树时留下的。

人类对大树的崇拜，历史上早有记载。我国著名古籍《山海经》和《淮南子》，都记载了人类对树木崇拜的故事。花瑶人之所以崇拜大树，是因为他们认为大树是"天地通道"，是沟通天与地的桥梁。通过大树，花瑶人能在这里得到天地的滋养，从而生育繁衍。在花瑶人眼中，古树不仅有庇护的力量，也是幸运的象征。按照当地风俗，每当年末岁尾或吉旦节庆的时候，村民们都会到风水树前烧香祈福；家有小儿降生，也会将其过继给一棵古树，以佑护其健康成长。

在崇木凼村的古树林山脚，可以发现一块光绪九年腊月立的"永远蓄禁"的石碑，虽然碑文已经风化，有些内容已经模糊，难以辨认，但碑的主题大字和立碑时间还清晰可见。现今花瑶人封山育林的决心依旧，守护绿色家园的意识更为强烈。

如果有机会，大家可以去崇木凼村研学旅游，在观赏千年古树林、聆听美丽传奇故事的同时，还可以进行绿色联想，激发绿色创意。

2. 问题思考

(1)花瑶族崇拜大树的传统习俗能否传承？为什么？

(2)树木无处不有，校园里普种树木花草有何作用？

(3)进行校园绿化养护，可以开展哪些劳动？

劳动视野

1. 校园绿化

"绿化"是"城市居住区绿化"的简称。绿化分广义的绿化和狭义的绿化。

广义的绿化泛指起到增加植物、改善环境的种植栽培园林工程等行为。狭义的绿化则增加了人为的评判标准，对城乡绿化、道路绿化或园林绿化有不同的要求。绿化对生态环境具有多种积极的作用，如补充空气中的氧、吸收大气中的有害气体、防尘、防风、减噪、灭菌以及改善地区微小气候等。

　　校园绿化指的是在学校用地范围内采取栽树、铺草和种花等措施，以创造良好的教学环境的行为。

校园绿化

校园绿化旨在促进学生的德育、智育、体育、美育发展，务求做到：

（1）创造安静、优美而舒适的教学环境。

（2）充分利用自然地形、地貌，尽量做到与周围的环境协调。

（3）配合有关课程的教学，设置相应的绿地。

（4）便于学生学习与生活，在庭院设置桌椅，创造户外学习环境，有明显而优美的景观中心。

　　校园绿化的内容包括：校园中心区绿化，各个建筑群及其院落的绿化，体育场地的绿化，以及设置在生活区和教学区之间的防护隔离绿化带等。

　　设在市区的校园因用地有限，应以庭院绿化为主。设在郊区的校园应尽量利用自然风貌和风景，创造优美的环境。

2. 绿化养护劳动

校园绿化，不仅要建设，还要注意绿化的养护。一般说来，学校的绿化养护工作要指派专人负责，或委托校外园林养护公司提供服务。此外，我们也可以发动学校师生，安排一定的时间，从事一般性的校园绿化日常养护劳动，如浇水抗旱、涂白过冬、修剪灌木、防治虫害等。

树木生长离不开阳光雨露，树木栽种下去以后，通常需要多次浇水。炎炎夏日，为了防止树木因缺水枯萎，也需要及时浇水。

在淡水资源匮乏的当下，绿化浇灌也要注意节约用水。目前，人们已经采取多种节水措施，如进行树木滴灌、收集雨水浇灌等。在这方面，通过深入观察和创新思维，人们总会提出改进或发展

给树浇水

的创意，那时常规性的树木浇灌劳动就有可能升华为创造性劳动。

🌱 劳动实践

★劳动项目：校园绿化养护

【劳动目标】

（1）通过校园绿化养护，树立校园文明的创建意识。

（2）通过校园绿化养护，培养日常劳动的良好习惯。

（3）通过校园绿化养护，激发创造性劳动的志趣。

【劳动任务 1】校园树木修剪

校园树木修剪

□劳动过程

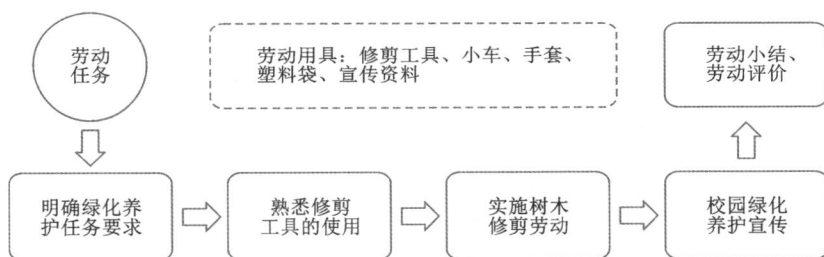

树木修剪劳动过程

□劳动点拨

灌木密集栽植造景，是一种大量应用于园林绿地建设的设计手法。它体现的不是植物的自然美、个体美，而是通过人工修剪造型的办法体现植物的修剪美、群体美。植物组合或色块的设计，能起到丰富景观、增加绿化量的作用。

灌木的人工修剪工具主要有手动篱笆剪和电动篱笆机等。参加这项劳动时，学生需要熟悉这类工具的结构特点、性能和操作方式，使用中要保证安全作业。

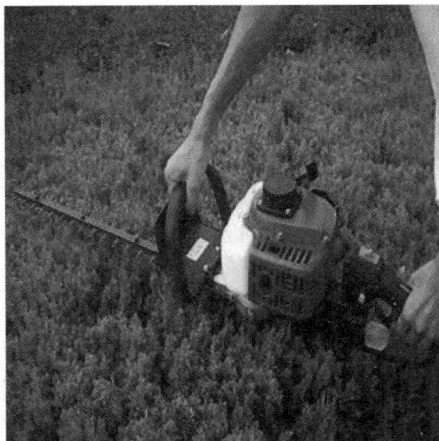

用机具修剪灌木

此外,在使用灌木修剪机具时,如果发现有不方便、不轻松、不环保或不安全的情况,要仔细观察并认真思考。若能生成新的创意,提出改进方案,那是再好不过的事情,因为这意味着创造性劳动的大门开始向你打开。

【劳动任务 2】校园树木涂白

校园树干涂白

□劳动过程

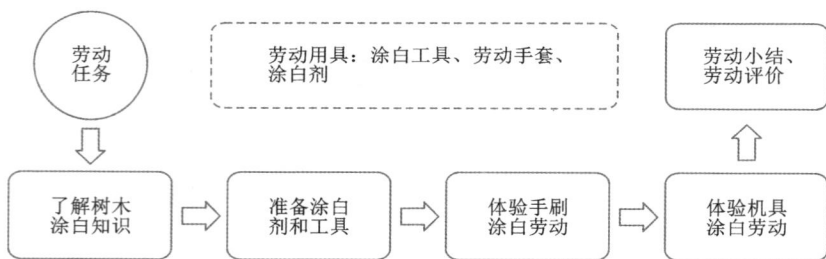

树木涂白劳动过程

□劳动点拨

冬季来临之前,人们常常将树干涂白,即在树干上刷一层白色的液体。树干穿上人工打造的"白裙"后,能把 10% 的阳光反射回去,如此,吸热减少,树干就不会因昼夜温差巨大而冻裂,同时还有杀菌和防虫的作用。涂白的树干,已成为校园中一道独特的风景线。

树干涂白剂的配方为:生石灰 10 份,水 30 份,食盐 1 份,黏着剂(如黏土、油脂等)1 份,石硫合剂原液 1 份。其中,生石灰和硫磺具有杀菌防虫的作用,食盐和黏着剂可以延长作用时间。另外,还可以加入少量有针对性的杀虫剂。先用水化开生石灰,滤去残渣,倒入已化开的食盐水,最后加入石硫合剂原液、黏着剂等,搅拌均匀。涂白剂要随配随用,不宜长时间存放。

有厂家生产粉末状涂白剂,具体功能是增强了杀钻蛀性害虫的效果,其主要成分类似涂料。这种工厂生产的涂白剂相比传统的涂白剂,储存和使用更为方便,但成本略高。

树干是否涂白,可根据树种针对病虫害发生情况确定。对槐、榆、紫薇、杨、柳、樱花等经常发生病虫危害的树木,以及易受冻害的杜英、含笑等树木,可进行重点涂白,而其他病虫危害较少的树木,如水杉、银杏、臭椿等,若无病虫危害则可不涂。

目前,树干涂白大多采用人工操作。如果能够发明方便、实用的树干涂白工具,甚至采用机器人作业,则是创造性劳动所要考虑的了。

【劳动评价】

"校园绿化养护"劳动素养评价表

评价项目	评价要求	自我评价	小组评价	师长评价	备注
劳动观念	校园绿化养护劳动价值认识				
劳动能力	绿化养护劳动工具的掌握程度				
	绿化养护任务的完成效率				
	绿化养护任务的完成质量				
	绿化养护劳动中的创意能力				
劳动习惯	绿化养护程序				
	绿化养护劳动次数				
劳动精神	绿化养护劳动过程是否精益求精				

注:在表中空白处填写评价等级,分A(优秀)、B(良好)、C(一般)。

劳动创智

1. 创智之道：突破思维定式

创造无时不有，无处不在。每个头脑正常的人都具有一定的创造力，都可以在劳动过程中发挥创造性，甚至获得创造性劳动成果。

创造性的发挥是有条件的。在知识、技能接近的人群中，只有能够突破思维定式的人才会容易发挥创造性，找到创意或进行发明创造。

提出创意，主要是一种思维活动，特别是突破思维定式负面效应的创造性思维活动。什么是思维定式？先看你对下面两道智力测试题的思考方式。

智力测试题 1：平面上有 9 个点，请你用一笔画 4 条线段将它们全部连接起来。

智力测试题 2：某文具店新进一种下图所示的新产品，猜猜它们有什么用途。

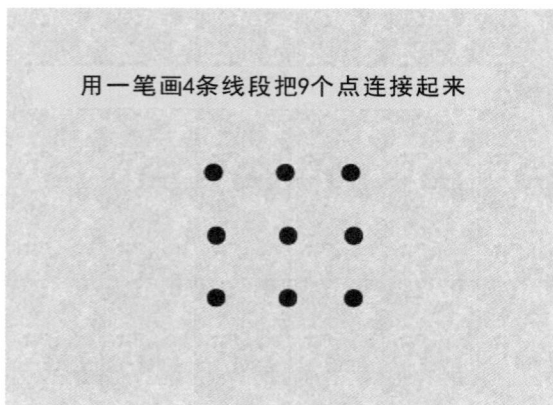

| (a) 9点连线 | (b) 猜新产品用途 |

智力测试题

对于智力测试题 1，如果你一时无法求解，可以参考下面的答案。

看了右图所示的答案之后，你可能恍然大悟：自己束手无策是因为总认为连线一定要画在9点所围的区域之内。这种自己给自己画框框的惯性思维，就是思维定式的负面效应。

对于智力测试题2，你可能从产品的外形一眼就看出它们是保龄球运动中的塑料瓶，但实际上，它们只是用来书写的圆珠笔。为什么会有造型如此奇特的圆珠笔呢？显然是圆珠笔设计者突破思维定式的一种创造。你没有想到对圆珠笔可以进行这样的外观设计，就是因为你的头脑里有一个在于圆珠笔固定形状的认知定式。

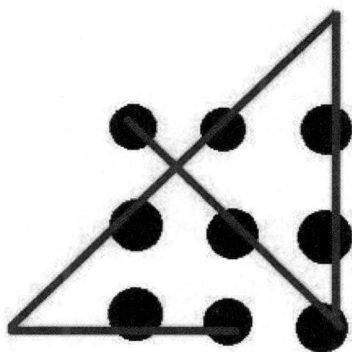

9点4连线

思维定式，也称思维惯性。长期使用锤子的人，习惯将一切问题都看成是钉子，这就是思维定式的影响。人们在长期的认识过程中会形成经验，会对事物具有一种固定的认知。碰到新问题，人们往往会记起过去的经验，这就是产生思维定式的认识基础。

人人都有思维定式，而且思维定式具有两面性。一方面，它可能帮助人们形成经验，让大家驾轻就熟地去处理新问题；另一方面，它可能将人们框在一定的圈子里无法突破。换言之，思维定式的负面效应是一种影响创造性发挥的思维障碍。

开展创造性劳动，比如革新劳动工具或劳动方式，就需要劳动者有意识地去突破事物"功能固着"和"标准形态"之类的思维定式。

2. 创智之思

（1）右图所示为市场出售的一种创意小玩具，试着猜猜它的用途，注意要突破思维定式。

（2）观察左图，说说有人在做什么突破思维定式的事情，这带给你什么启示。

（3）右图所示的园林机具是用来做什么的？它作业时运用了什么科学原理？

（4）左图所示是什么？以此进行联想，你能否提出与树木相关的创意？

1.3 宿舍文化建设

劳动聚焦

1. 自主阅读

奥斯本传奇

亚历克斯·奥斯本21岁时，还只是个受过中等教育的失业青年，成天为寻找工作而四处奔波。

一次，他到报社应聘，主考人问他："你从事写作多少年了？"

"只有三个月。"奥斯本老实地回答，"不过，您还是先看一下我写的这篇文章吧！"

主考人认真地看了奥斯本的文章

亚历克斯·奥斯本

后说："从文章来看，你既无写作经验，又缺乏写作技巧，文句也不通顺。"

说到这里，主考人停下来看了看奥斯本，这时的奥斯本恨不得有地洞可钻。"不过，"主考人面带笑容地说，"文章选题新颖，里面的观点也独具匠心。我们需要有创造性的年轻人。小伙子，欢迎你到我们报社来工作！"

奥斯本一阵惊喜，他顿时领悟到了"创造性"的可贵。

工作后，奥斯本发誓"日行一创"，积极主动开发自身潜在的创造力。后来，他在通用电气公司工作时，提出了"头脑风暴法""检核表法"等创造技法，并应用创造技法助力公司解决了许多技术和管理上的难题，促进了公司生产经营的创新发展。

因此，奥斯本被后人誉为"创造学与创造工程之父"。

每个人都希望自己是成功者。没有人喜欢成天为"找工作"四处奔波，被人拒之门外；没有人想要成为一个可有可无的看客，平庸地度过一生。可以说，每个人都在为获得成功而努力奋斗。然而事实上，成功的只是少数人，更多的人似乎没有这种"运气"。想成为这少数成功者中的一员，就得掌握一个"芝麻开门"的神奇咒语。其实，这"咒语"并不神秘，它就是"创造性"。

2. 问题思考

(1)在奥斯本发明的创造技法中，"头脑风暴法"最负盛名，你知道什么是"头脑风暴"吗？

(2)在学校宿舍文化建设过程中，你能否运用头脑风暴法提出创意？

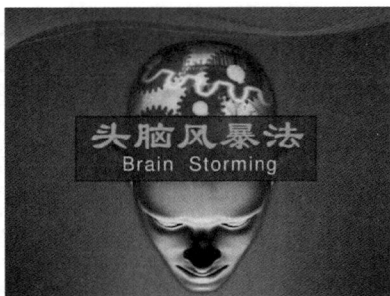
头脑风暴法

劳动视野

1. 关于宿舍文化

学生宿舍是学生生活、休息的场所。那么，什么是宿舍文化？简单地说，宿舍文化是一种以学生为主体，以宿舍为主要活动空间，以课余活动为主要内容，以校园精神为主要特征的群体文化。通过这种文化，可以营造出一种具有时代气息的新生活，使宿舍成为学生美化生活、优化环境、培养独立人格、保持身心健康的成长与成才的摇篮。

2. 宿舍文化建设

宿舍文化建设主要包括宿舍内务整理和个人卫生等实践活动。

宿舍内务整理要满足学校文明宿舍检查标准。一般说来，文明宿舍要达到"洁、齐、美、雅"的基本要求。

学生个人卫生则要求学生勤洗澡、勤换衣，能够自己洗晒衣物，衣着干净大方。

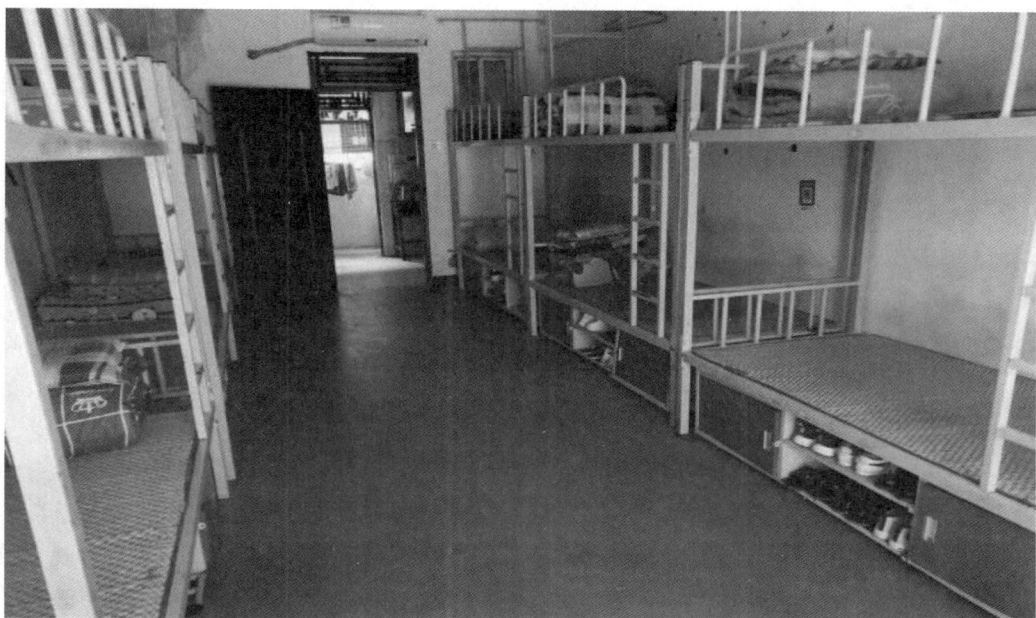

学生宿舍

劳动实践

★劳动项目: 宿舍文化建设

【劳动目标】

(1)通过宿舍文化建设, 树立校园文明创建意识。

(2)通过宿舍文化建设, 培养日常劳动的良好习惯。

(3)通过宿舍文化建设, 激发创造性劳动的志趣。

【劳动任务 1】宿舍内务整理

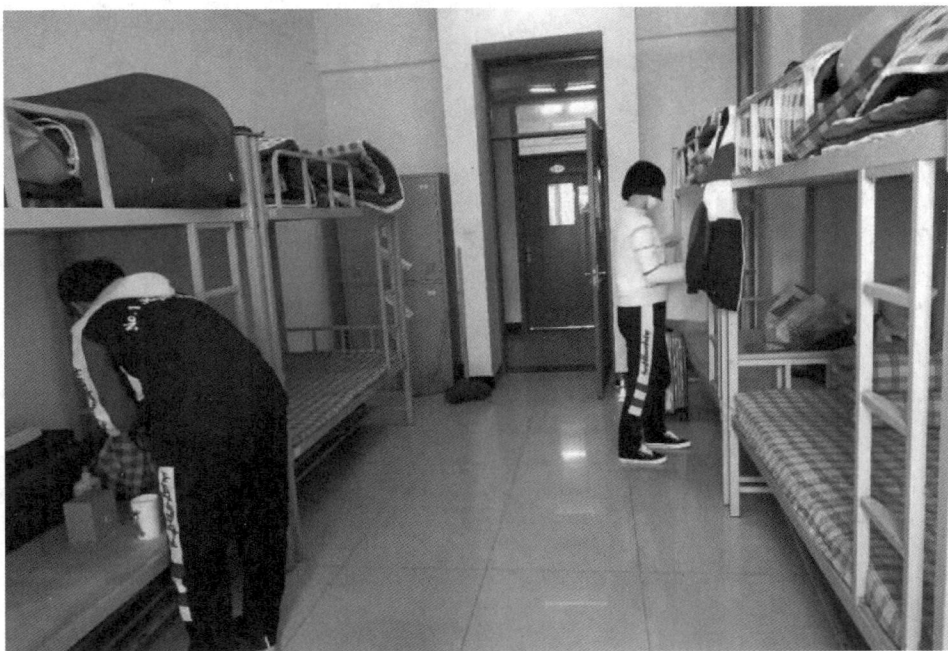

宿舍内务整理

□劳动过程

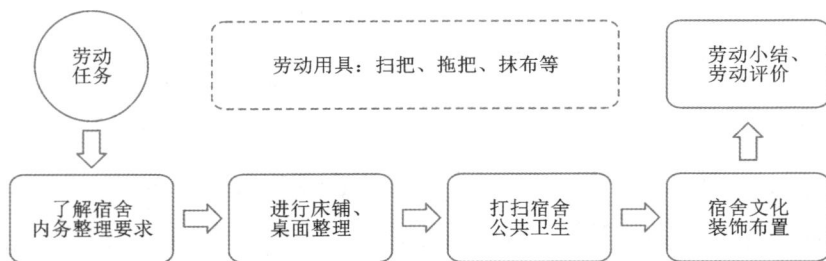

宿舍内务整理劳动过程

□劳动点拨

宿舍内务整理，要按照"洁、齐、美、雅"的基本要求发挥主观能动性和创造性。

洁：清洁卫生。要求宿舍地面、墙面、门窗和灯管等都干干净净。

齐：整整齐齐。要求桌面、床上、床下，所有物品整齐有序。

美：美观大方。要求布置美观，体现合理性，给人美感。

雅：健康高雅。要求装饰物、张贴画等的内容健康向上，文化品位高雅。

【劳动任务2】手洗衣物

手工洗晒衣服鞋子

□劳动过程

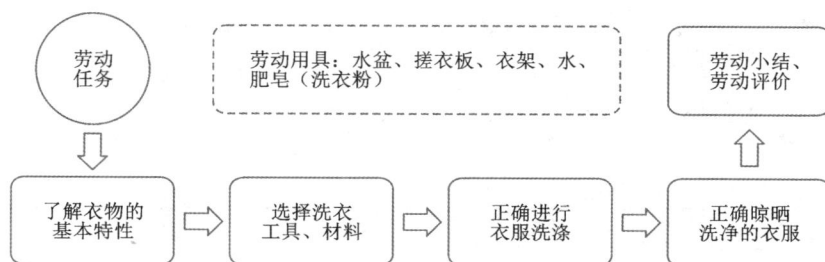

手洗衣物劳动过程

□劳动点拨

每个人都会洗衣服，可是你真的知道怎么洗好衣服吗？下面介绍关于洗衣的一些细节常识，供大家劳动参考。

（1）洗衣物前应先将衣物准确分类。核查所需清洗的衣物的清洗标签，把可水洗与需干洗的衣物分开。此外，应把褪色与不褪色衣物分开洗涤，尤其应当把白色衣物与可能会褪色的衣物分开洗涤。

（2）适量运用洗涤剂。洗涤剂的用量是依据清洗衣物的水量、衣物的数量及清洗的时间3个要点来确定的，以获得最佳洗涤效果。

（3）洗衣时的水温。水温越高洗涤剂就越容易溶解，衣物上的污渍也就比较容易去除，尤其是棉质衣物上的污渍用热水洗涤效果更佳。但过热的水也可能令经过漂染的有鲜艳花纹的衣物褪色，所以要防止水温过高。

（4）先把洗涤剂溶解于水，再放入衣物进行洗涤。

【劳动评价】

"宿舍文化建设"劳动素养评价表

评价项目	评价要求	自我评价	小组评价	师长评价	备注
劳动观念	宿舍文化建设的劳动价值认识				
劳动能力	宿舍文化建设劳动工具掌握				
	宿舍文化建设任务完成效率				
	宿舍文化建设任务完成质量				
	宿舍文化建设中的创意能力				
劳动习惯	宿舍文化建设劳动程序				
	宿舍文化建设劳动次数				
劳动精神	宿舍文化建设劳动过程是否精益求精				

注：在表中空白处填写评价等级，分A（优秀）、B（良好）、C（一般）。

劳动创智

1. 创智之道：头脑风暴法

中国古语有云"三个臭皮匠，赛过诸葛亮"，其内涵为集思广益。世界大文豪萧伯纳说："倘若你有一个苹果，我也有一个苹果，而我们彼此交换这些苹果，那么，你和我仍然各有一个苹果。但是，倘若你有一种思想，我也有一种思想，而我们彼此交流这些思想，那么我们每个人将有两种思想。"这也阐述了几个人在一起进行思想交流的增智效应。创造学家奥斯本则首创"头脑风暴法"用来进行智力激励。

在创造学中，头脑风暴法是一种著名的创造技法，又称智力激励法。实施该技法的基本模式是召集几个人在一起开会，让与会者进行思维碰撞，在头脑中卷起创意风暴，以达到信息交流和智力激励的效果，进而获得解决某一问题的创意。

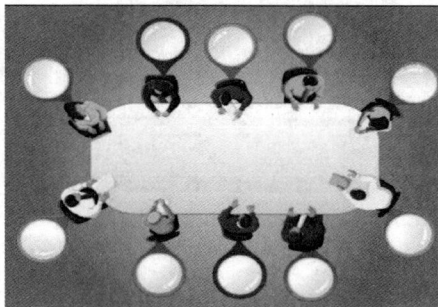
头脑风暴会

奥斯本提出的头脑风暴会与一般的讨论会的不同之处在于他规定的会议四原则：

（1）自由思考原则。在头脑风暴会上，鼓励大家围绕讨论主题进行天马行空的自由思考，不要有任何顾虑，允许提出常人认为"不靠谱""荒唐"或"发神经"的想法。

（2）延迟评判原则。对于讨论过程中与会者发表的任何看法或建议，不管好坏对错、荒唐与否、靠不靠谱，谁都不能立马进行评判。延迟评判，并不是不评判，而是先让人说话，评判的事留到会后再议。

（3）以量求质原则。"韩信点兵，多多益善。"头脑风暴会要求与会者发挥主观能动性，进行发散思维，多提设想。想法越多，产生新设想的概率越高。

（4）结合改善原则。头脑风暴会要求与会者不仅要积极发表自己的想法，而且要聆听他人的想法，从而在思维互动中不断改善自己的想法。这样有利于提升想法的质量和水平。

2. 创智之思

（1）在头脑风暴会上，有人从"乘直升飞机带着扫把扫雪"的"不靠谱"想法中得到启示，想到一种创造性的解决问题的办法，猜猜这是什么办法。

（2）在头脑风暴会上，有人说"鞋"可以吃，这种"荒唐"的想法对你有什么启发？

（3）如果需要对右图所示的学生宿舍的床底鞋柜的设计进行改进，你有什么创意？

（4）在宿舍文化建设中，如果考虑人工智能技术的应用，那么在这方面你有何创意？

1.4 校园低碳生活

劳动聚焦

1. 自主阅读

北极冰川的融化

我们居住的地球真的被玩坏了？提出这一问题的是《美国国家科学院院刊》上的一篇文章。该文认为，在 1980 年至 1990 年的 10 年间，北极格陵兰岛冰川已经向海洋倾倒了 510 亿吨冰，而在最近的 2010 年至 2018 年的 8 年间又倾倒了 2860 亿吨冰。也就是说，在最近 30 年内，冰川融化的速度已经增加了 4.6 倍。

北极冰川融化

在地球上，除了南极洲，北极格陵兰岛是地球上第二大冰盖发源地。然而现在这里却成为冰川融化的"重灾区"。有科学数据显示，每融化 3600 亿吨冰川，地球海平面将升高 1 毫米。研究人员发现，自 1972 年以来，格陵兰岛造成海平面上升近 14 毫米，其中一半是在过去 8 年中发生的。最可怕的是它还在加速失去冰川。

格陵兰岛是世界上最大的岛屿。它是 200 多个超大冰川的家园，其中许多冰川从厚达数公里的中央冰盖一直延伸到海洋深处，部分冰川向外流入峡湾、狭窄的峡谷，部分被淹没。在冰川的前沿，大块的冰块经常以壮观的方式断裂，引起"冰震"事件。

在格陵兰岛整个边缘地区都受到了冰川融化的影响，其中冰川损失最大的地区是与北冰洋相对的西北和东北部。

如果以现在 6 倍加速度来计算，要不了几百年，格陵兰岛的冰川就要融化殆尽了。格陵兰岛的融化完，就结束了吗？当然不是，紧接着正在南极"酣睡"的超大冰川将会醒来，未来大面积的融化场面可能比格陵兰岛的冰川融化还要壮观。那么到下个世纪，地球海平面每年会升高多少毫米呢？也许我们看不到了，但我们的子孙肯定看得到。

2. 问题思考

(1) 北极冰川融化加速说明了什么？与我们有何关系？

(2) 哥本哈根世界气候大会认为世界进入低碳时代，这是一种什么观点？

(3) 建设低碳校园，我们可以进行哪些创造性劳动？

劳动视野

1. 低碳经济与低碳消费

200 多年以来，随着工业化进程的深入，大量温室气体尤其是二氧化碳的排出，导致全球气温升高、气候发生变化，这已是不争的事实。全球变暖也使得南极冰川开始融化，进而导致海平面升高，直接威胁了数以百万计的沿海城市居民。

全球变暖 共同关注

自掘坟墓

你参与了吗？

全球变暖宣传

低碳经济宣传

2009年，哥本哈根世界气候大会召开，以低能耗、低污染、低排放为基础的经济模式——"低碳经济"呈现在世界人民面前。发展低碳经济成为世界各国的共识，倡导低碳消费也已成为世界人民新的生活方式，人类也将因此进入低碳时代。

低碳经济是一种达到经济社会发展与生态环境保护双赢的经济发展形态。低碳经济将是世界经济的一次重要转型，也是一次重要的世界经济革命。无论从国内而言，还是从全球而言，低碳产业都将成为各国经济长远发展的战略选择，同时它也有着巨大的经济、环境、社会效益。

在我国社会条件下，广义的低碳消费方式包括五个层次：

（1）恒温消费，消费过程中温室气体排放量最低。

（2）经济消费，即对资源和能源的消耗量最小、最经济。

（3）安全消费，即消费结果对消费主体和人类生存环境的危害最小。

（4）可持续消费，对人类的可持续发展危害最小。

（5）新领域消费，即转向消费新能源，鼓励开发低碳技术，研发低碳产品，拓展新的消费领域，形成生产力发展的新趋势。

2. 校园低碳生活

推动高碳消费方式向低碳消费方式转变应该是全社会的共同职责。在这种情况下，学校一方面要倡导师生们养成低碳生活的习惯，另一方面也可以开展以低碳为目标的创造性劳动。

校园低碳生活，就是倡导绿色环保的校园生活，主要涉及节粮、节水和节电等行为，这需要大家从自身做起。

为了促进校园生活的低碳化，我们不仅需要主

校园低碳生活宣传

动地节粮、节水和节电，还可以主动地进行以低碳化为主旨的创造性劳动，如提出以校园节粮、节水、节电为目标的科技创意，进行绿色发明创造。

劳动实践

★劳动项目：校园低碳活动

【劳动目标】

（1）通过开展校园低碳活动，树立低碳消费生活意识。

（2）通过开展校园低碳活动，养成日常低碳生活习惯。

（3）通过开展校园低碳活动，激发创造性劳动的志趣。

【劳动任务1】学校"光盘行动"

学校"光盘行动"

□劳动过程

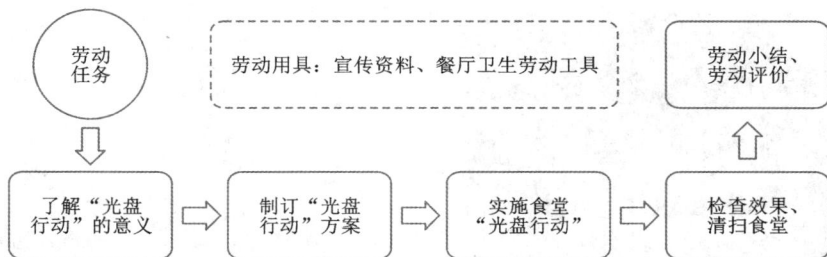

□劳动点拨

学校开展"光盘行动"，主要是在食堂实施，以解决同学们平时浪费粮食的问题。在学校食堂里，我们的确能够看到严重的浪费现象——"剩菜桶"里、餐桌上、地上到处可见剩菜、剩饭。这种现象不仅严重损害了学校的良好形象，也不利于培养学生的节约意识。因此，我们要通过宣传活动让大家理解"光盘行动"，积极主动地参与这项有意义的活动。

"光盘行动"不能只是一次活动，标本兼治才能更好地解决问题。因此，可以发出倡议，让大家共同创建节约型食堂。创建一个节约型食堂可以采取以下行动：

（1）利用课间操集会、晨会、班会，向全校师生发出倡议："光盘行动，拒绝浪费。"让节约粮食、创建节约型食堂成为全校师生的共识。

（2）在食堂的墙上、餐桌上等醒目处贴上关于"珍惜粮食，请按量取食""做有粮心的人""粒米虽小君莫扔，勤俭节约留美名"等公益广告，提醒全校师生节约粮食。

（3）建议学校食堂能够烧出更加美味可口、符合学生口味的食物，并让每位学生按量取食，避免浪费。

（4）组建"节约"志愿者行动队，定期给每个班级的"光盘行动"打分，每周评选一次，得分高的班级获得相应的奖励，促进学生养成节约的习惯。

【劳动任务 2】低碳生活创意

低碳生活创意示例

□劳动过程

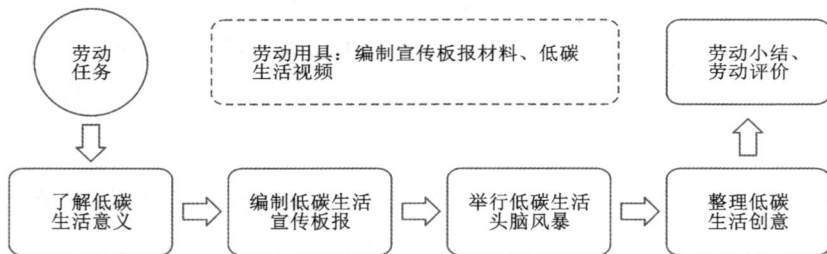

低碳生活创意劳动过程

□劳动点拨

创意是创造意识或创新意识的简称。它是指对现实存在的事物的理解以及认知所衍生出的一种新的抽象思维和行为潜能。

东汉王充在《论衡·超奇》中说:"孔子得史记以作《春秋》,及其立义创意,褒贬赏诛,不复因史记者,眇思自出于胸中也。"宋代程大昌在《演繁露·纳粟拜爵》中说:"秦始皇四年,令民纳粟千石,拜爵一级,按此即晁错之所祖效,非错创意也。"近现代王国维在《人间词话》中说:"美成深远之致不及欧、秦,唯言情体物,穷极工巧,故不失为第一流之作者。但恨创调之才多,创意之才少耳。"郭沫若在《鼎》中说:"文学家在自己的作品的创意和风格上，应该充分地表现出自己的个性。"

在创造性劳动中，特别是结合低碳生活主题开展创意时，首先要了解学校或家庭生活中的低碳生活表现，如节水、节电和节气，然后运用想象、联想、灵感等思维方式和头脑风暴法等创造技法进行思维发散，获得相应的创意。如果想成为"创客"，那就要想方设法将创意落地，即通过创造性劳动将创意转化为创造成果。

【劳动评价】

"校园低碳生活"劳动素养评价表

评价项目	评价要求	自我评价	小组评价	师长评价	备注
劳动观念	校园低碳生活的劳动价值认识				
劳动能力	低碳生活宣传资料的编写				
	低碳生活活动设计能力				
	低碳生活活动实践能力				
	低碳生活活动创意能力				
劳动习惯	校园低碳活动程序				
	校园低碳活动次数				
劳动精神	校园低碳活动过程是否精益求精				

注：在表中空白处填写评价等级，分 A（优秀）、B（良好）、C（一般）。

劳动创智

1. 创智之道：默写式智力激励法

头脑风暴法是最为人所熟悉的创意思维策略。虽然头脑风暴法能营造自由探讨、互相激智的氛围，但也有一些局限性。如：有的创造性强的人喜欢沉思，但头脑风暴会上无此条件；会上表现力和控制力强的人会影响他人提出设想；会议严禁批评，虽然保证了自由思考，但又难于及时对众多设想进行评价。

为了克服头脑风暴法的上述局限，许多人针对与会者的不同情况，先后对奥斯本头脑风暴法进行了改进，形成了基本激励原理不变，但操作形式和规则有异的默写式智力激励法。

默写式智力激励法规定：每次会议邀请 6 人参加，每人在卡片上默写 3 个设想，每轮历时 5 分钟。因此，人们又称此法为"635 法"。

考虑到纯粹的默写式智力激励法存在氛围过冷的情况，可以适当添加口述环节，即将沉思书写和简要口述结合起来进行互动思维和智力激励。

默写式智力激励法

2. 创智之思

（1）某同学动手制作出右图所示的作品，说说该作品有何用途，该作品与低碳生活有什么关系，由此你有什么联想。

（2）"国际素食日"是哪天？倡导该项活动与低碳生活有何联系？由此你有什么联想或创意？

（3）在维护校园绿化劳动中，你是否能想到以节约用水为目的的科技创意？

（4）观察左图，想想有什么与校园低碳活动相关的创意。

第 2 章 非遗项目传承

　　非物质文化遗产是一个国家和民族历史文化成就的重要标志，是优秀传统文化的重要组成部分。中国传统剪纸、泥塑和棕编等非遗项目进校园，并使之成为开展创造性劳动的实践活动，是劳动教育创新的一大亮点。

2.1　技艺非遗传承

劳动聚焦

1. 自主阅读

剪纸史话

中国剪纸是一种用剪刀或刻刀在纸上剪刻花纹，用于装点生活或配合其他民俗活动的民间艺术。

中国剪纸历史悠久。汉代司马迁作《史记》，其中就记述了西周初期，周成王用梧桐叶剪成"玉圭"的形状赐其弟，封叔虞到唐为侯。战国时期，人们用皮革镂花、银箔镂空刻花，都与剪纸如出一辙，它们的出现都为民间剪纸的形成奠定了基础。

民间剪纸

南北朝时期，《木兰辞》中就有"对镜贴花黄"的诗句。诗中的"花黄"，指的就是剪纸。

唐代剪纸已处于大发展时期，杜甫的《彭衙行》诗中有"暖汤濯我足，翦纸招我魂"的句子，说明以剪纸招魂的风俗当时就已流传民间。

宋代造纸业成熟，纸品名目繁多，为剪纸的普及提供了条件，如成为民间礼品的"礼花"、贴于窗上的"窗花"，或用于灯彩、茶盏的装饰。

明清时期剪纸手工艺术走向成熟，并达到鼎盛。此时民间剪纸手工艺术的运用范围更为广泛，举凡民间灯彩上的花饰、扇面上的纹饰，以及刺绣的花样等，无一不是利用剪纸作为装饰再加工的。因此，中国民间更多的是将剪纸作为装饰家居的饰物，美化居家环境，如门栈、窗花、柜花、喜花、棚顶花等，都是用来装饰门窗、房间的剪纸。

2. 问题思考

(1)剪纸这种民间艺术具有什么实用价值？试举例说明。

(2)除剪纸进校园外，还有哪些技艺性非遗项目进校园？

中国传统技艺

(3)非遗项目进校园有何意义？与劳动教育有何联系？

劳动视野

1. 技艺类非遗

在非遗名录中，技艺类非遗项目往往源自手工艺。手工艺是指以手工劳动进行制作的具有独特艺术风格的手工艺品的技艺，有别于以大工业机械化方式批量生产的规格化的制作工艺。非遗中的"技艺"，一般是指一种特殊的传统工艺技能，如剪纸、刺绣、棕编、泥塑、木雕、石雕等。

(a)木雕　　　　　　　　　　　　　　　(b)石雕

传统手工艺

从使用功能出发，可将民间手工艺品分为欣赏类、实用类和宗教祭祀类。欣赏类手工艺品是置于案头、粘贴于墙壁或悬挂于室内，供人们欣赏的民间手工艺品，如剪纸、木版年画、面塑、彩塑、绢花、灯彩等；实用类手工艺品是在生活中有使用价值的民间手工艺品，如陶罐、彩印花布、蓝印花布、竹编器皿、木雕模子和石雕建筑等；宗教祭祀类手工艺品有彩塑神佛像、纸扎车马等。

我国手工艺历史悠久，品类繁多，有着优秀的艺术传统和独特的艺术风格，并具有以下主要特色：

（1）在材料上，大多以木、竹、藤、草、泥、石、皮革、羊毛等天然材料和以天然材料制成的纺织品为主，产品具有自然的质地美和纹理美。有些手工艺品以珍珠、犀牛角、珊瑚、翡翠，以及金、银等贵重材料制成，具有较高的经济价值。

（2）手工艺劳动是创作设计和生产操作的统一，脑力劳动和体力劳动的统一，艺术创作和科学技术的统一。

2. 典型技艺非遗项目

（1）剪纸。

2006 年 5 月 20 日，剪纸经国务院批准列入第一批国家级非物质文化遗产名录。2009 年 9 月 28 日至 10 月 2 日举行的联合国教科文组织保护非物质文化遗产政府间委员会第四次会议上，中国申报的中国剪纸等 22 个项目入选"人类非物质文化遗产代表作名录"。

剪纸是一种镂空艺术，其在视觉上给人以透空的感觉和艺术享受。剪纸作品可分为单色剪纸、彩色剪纸和立体剪纸。

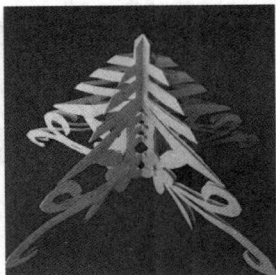

剪纸作品类型

单色剪纸是剪纸中最基本的形式,由红色、绿色、褐色、黑色、金色等各种颜色的纸剪成,主要用于窗花装饰和制作刺绣的底样。折叠剪纸、剪影都是单色剪纸的表现形式。

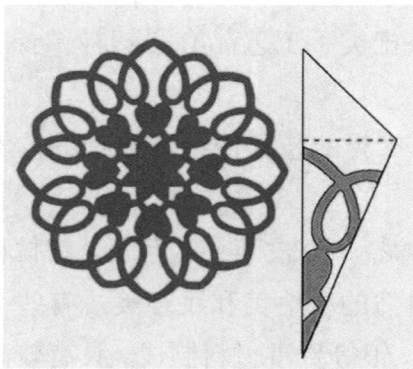

折叠剪纸

动物剪影

折叠剪纸,是先将纸对折或多折,再进行剪制的形式,剪纸作品呈结构对称图式。它具有一次剪得多方连图的特点,因此流传甚广。

剪影,是通过外轮廓表现人物和物象形状的剪纸方式,注重外轮廓的美和造型,一般采用黑色纸张制作。

随着剪纸表现形式的探索和发展,彩色剪纸的形式和技法也在逐渐增多,有点染、套色等。

点染剪纸

填色剪纸

立体剪纸既可以是单色的，也可以是彩色的。它是采用了绘画、剪刻、折叠、黏合等综合手法产生的新型剪纸，它使剪纸由平面化变为立体化，可用于观赏和造型。

此外，撕纸是传统民间剪纸的一种变异形式，其特点是采用手撕的方法去撕裂造型，可以将不同颜色的纸张撕裂拼组，具有一种古拙雅朴、豪放雄健的风格。撕纸过程的随意性，可能使作品自然天成。

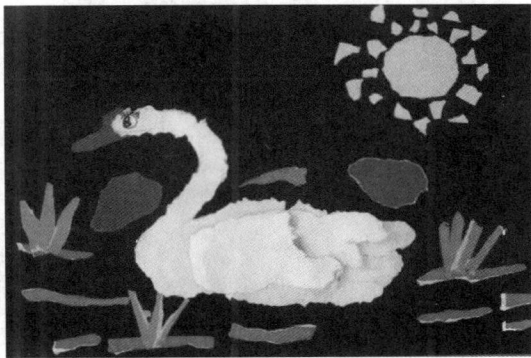

撕纸作品

（2）泥塑。

泥塑艺术是中国民间传统中的一种古老而常见的、用黏土塑制成各种形象的民间手工艺。制作方法是在黏土里掺入少许棉花纤维，捣匀后，捏制成各种人物的泥坯；阴干后，涂上底粉，再施彩绘。它以泥土为原料，以手工捏制成形，或素或彩，以人物、动物为主。泥塑在民间俗称"彩塑""泥玩"。泥塑发源于宝鸡市凤翔县，流行于陕西、天津、江苏、河南等地。

在我国的新石器时代遗址中，已多次出土早期的泥塑作品，此后主要以表面敷彩上色的彩塑形式发展。泥塑按功用可分为宗教和民俗两类，前者主要供奉在佛寺道观，后者多为陈设品与儿童玩具。

2006 年 5 月 20 日，泥塑入选第一批国家级非物质文化遗产名录。

泥塑作品

（3）棕编。

棕编，是以棕榈树叶为原料编制而成的工艺品。棕草制品，古来有之。长江流域的棕编主要产于陕西南部的汉中、四川、贵州、湖南等地，其中以四川新繁棕编和湖南棕编玩具最负盛名。此外，贵州塘头棕编提篮、浙江武义棕绷亦很有名。

2011年5月23日，棕编经国务院批准列入第三批国家级非物质文化遗产名录。

棕编

劳动实践

★劳动项目：技艺非遗传承

【劳动目标】

(1)通过技艺非遗习得，树立非遗传承保护意识。

(2)通过技艺非遗习得，培养非遗传承基本技能。

(3)通过技艺非遗习得，激发创造性传承的志趣。

【劳动任务 1】剪纸劳动

剪纸劳动

□劳动过程

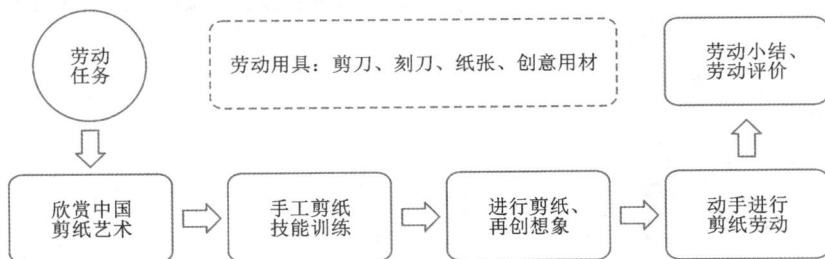

剪纸劳动过程

□劳动点拨

（1）剪纸工具。

剪纸不是用机器而是由手工做成的，常用的方法有两种：剪刀剪和刻刀刻。因此，使用的用具主要是剪刀、刻刀和纸张。

（2）构形。

因受剪纸工艺的限制，剪纸艺术表达重在表现神似，而不是表现形似。所以，夸张和变形成为剪纸中最常用的构形方式。

（3）剪法。

剪纸有阳刻、阴刻和阴阳刻三种剪法。阳刻以线为主，把造型的线留住，其他部分剪去，不仅要线线相连，还要把形留住，称为正形；阴刻以块为主，把图形的线剪去，线线相断，并且把形剪空，称为负形；阳刻与阴刻的结合，就是阴阳刻。

阳刻与阴刻

【劳动任务 2】泥塑劳动

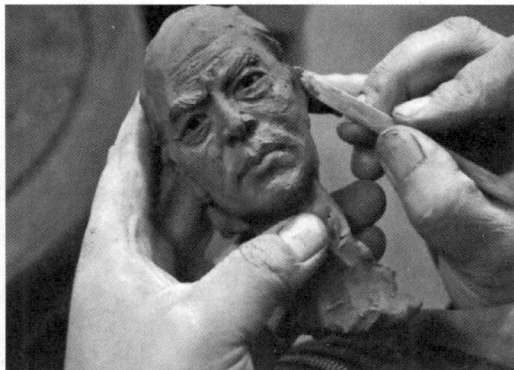

泥塑劳动

□劳动过程

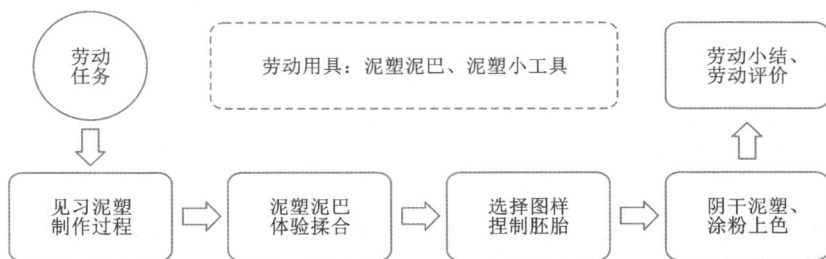

泥塑劳动过程

□劳动点拨

泥塑制作，都是单件创作，可以参考下面的制作要领。

（1）糅合泥巴。选择黏性好的泥土，将其捣碎并加入适当的水进行揉捏，直至泥巴变软。

（2）捏制胚胎。根据草稿或自己的创作构思，捏制胚胎。在捏制的过程中要仔细，注意观察所要创造物体本身的特征，把一些细节捏制出来，便于后面操作。

（3）泥塑阴干。胚胎捏制好后需放置在背阴的地方晾干，这一过程一般要一两天。泥塑干燥过程中不能曝晒，否则可能开裂。

（4）上底粉。在阴干的泥塑上涂上底粉（白色颜料）。

（5）施彩绘。根据所捏物体的本质特征上色，要注意颜色的搭配与和谐。也可以在颜料干了之后上一层清漆，既能起到保护作品的作用，也能使作品光新亮丽。

【劳动任务 3】棕编劳动

棕编劳动

□劳动过程

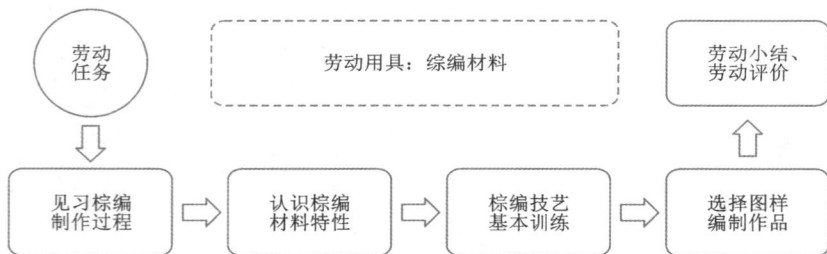

棕编劳动过程

□劳动点拨

棕编一般采用老棕叶和棕叶芯为原料，经过加工后制成儿童玩具。其方法为先将采来的棕叶按纹路折叠，扎紧后放入水烧开的锅里煮，煮至由青转黄成熟为止。然后日晒夜露，使其完全干透、变白，这样制作后不易变形，可存放十余年。

棕编往往采用结体穿插扎系的方法来构成形象，主要题材有蜻蜓、蚱蜢、青蛙、虾、蜈蚣、龟、蛇、金鱼、鸡、鹤、孔雀、凤等。它有"单肚皮"和"双肚皮"等编法。棕编编好后可用附加物做些点缀，如用鸳鸯豆（红豆）做眼睛，称为"点睛"。

【劳动评价】

"技艺非遗传承"劳动素养评价表

评价项目	评价要求	自我评价	小组评价	师长评价	备注
劳动观念	技艺非遗传承 劳动价值认识				
劳动能力	传统剪纸技能 的掌握				
	传统泥塑技能 的掌握				
	传统棕编技能 的掌握				
	非遗传承的创 意能力				
劳动习惯	技艺非遗传承劳动程序				
	技艺非遗传承劳动次数				
劳动精神	技艺非遗传承劳动 过程是否精益求精				

注：在表中空白处填写评价等级，分 A（优秀）、B（良好）、C（一般）。

劳动创智

1. 创智之道：再造想象

有一位心理学家曾经做过以下实验，这项实验至今让人津津乐道。实验是针对学生的运动成绩进行的，实验者将受试者分为三组，第一组受试者在 20 天内每天练习实际投篮 20 分钟，并把第一天和最后一天的成绩记录下来。第二组受试者记录第一天和最后一天的成绩，但在此期间不做任何练习。第三组受试者记录第一天的成绩，然后每天

投篮练习

花 20 分钟做想象中的投篮。如果投篮不中，他们便在想象中做出相应的调整。

实验结果显示：第一组进球率增加了 24%，第二组无明显进步，第三组进球率增加了 26%。

这就是心理学家希尔有名的"投篮心理意象"实验。这项实验说明，不管你是从事设计、营销、管理、写作、体育竞技，还是进行其他创造性工作，如果你心里有了一个既定目标，或一个想要实现的愿望，并且你有强烈的想象欲望——从各个角度周密地考虑它，那么这个目标一定能够被"辨认"出来，只不过时间有长有短而已。

许许多多的创造，都离不开想象的功劳。换言之，想象是人类特有的一种创新能力。所谓想象，是指人在头脑中塑造过去未曾感触过的事物的形象，或者将来才有可能实现的事物形象的思维方式。从心理学的角度来看，想象是对头脑中的已有表象进行加工、排列、组合而建立新的表象的心理过程。

在非遗的创造性传承过程中，人们往往需要运用再造想象去继往开来。再造想象，是指根据现有信息再造相近信息的想象。无论是传承中国剪纸、泥塑，还是棕编，基本上是再造想象式的再创造活动。对于各种非遗技艺，由于人们的经验、知识、个性和欣赏能力等的不同，每个人根据非遗技艺的描述或传习所形成的再造形象也不会完全相同。每个人总是按照自己的方式来"再造"非遗形象。例如，下图所示的创意剪纸，体现了人们对传统剪纸的再造想象。

创意剪纸

一般说来，再造想象力受两方面因素的制约：一是贮存于大脑中的原有信息的数量和质量，贮存的原有信息越多，且反映现实的直观材料越丰富，再造想象的内容就越丰富；二是掌握信息标志的含义，对信息标志含义的理解越准确，再造想象的内容也就越确切。

2. 创智之思

（1）右图所示为某城市文创作品，也是对该地传统剪纸文化的突显，请说说该作品与传统剪纸有何不同。

（2）观察左图所示的撕纸作品，然后给该作品命名，并说出为什么这样命名。

（3）泥塑的实用价值之一是制作成建筑物构件。例如右图所示的山墙装饰，说说该构件造型模仿了什么(中国龙/浪花/巨风)。

（4）观看左图所示的农家乐文化墙上的装饰物，说说该创意的特点和带给你的想象。

0.8米长的蓑衣+草鞋+斗笠+煤油灯

2.2 戏剧非遗传承

劳动聚焦

1.自主阅读

徽班进京

中国清代乾隆年间经济繁荣，国泰民安，文化艺术也得到了相应的发展。特别是自乾隆十六年（1751年）乾隆皇帝六次南巡，不仅推动了南北经济进一步发展，同时也促进了南北文化的交流。例如，就在乾隆皇帝第一次南巡的这一年，皇太后60寿诞之日，便有南方戏班进京祝寿。

乾隆五十五年（1790年）是高宗（乾隆皇帝）80寿诞，为给乾隆皇帝祝寿，扬州的盐商江鹤亭在当年秋天特地组织了一个以名演员高朗亭为首的名为"三庆"的徽戏班，另有四喜班、和春班、春台班。这些戏班多以安徽籍戏曲艺人为主，进京为乾隆皇帝做祝贺演出。这就是戏剧史

徽班进京

上有名的"徽班进京"。因此，四大徽班进京，被视为京剧诞生的前奏，在京剧发展史上具有重要意义。

京剧在文学、表演、音乐、舞台美术等各个方面都有一套规范化的艺术表现形式。京剧以历史故事为主要演出内容，传统剧目约有一千三百多个，常演的在三四百个以上。京剧流播全国，影响甚广，有"国剧"之称。以"梅

兰芳"命名的京剧表演体系被视为东方戏剧表演体系的代表，为世界三大表演体系之一。京剧是中华民族传统文化的重要表现形式，其中多种艺术元素被用作中国传统文化的象征符号。2006 年 5 月，京剧经国务院批准列入第一批国家级非物质文化遗产名录。2010 年，京剧被列入联合国教科文组织"人类非物质文化遗产代表作名录"。

2. 问题思考

（1）除了京剧外，你还知道本地流行哪些传统戏剧？

（2）传统戏剧进校园有什么教育意义？说说你的看法。

传统戏剧进校园

1. 戏剧概念

戏剧，指以语言、动作、舞蹈、音乐、木偶等形式达到叙事目的的舞台表演艺术的总称。文学上的戏剧概念是指为戏剧表演所创作的脚本，即剧本。戏剧的表演形式多种多样，常见的包括话剧、歌剧、舞剧、音乐剧、木偶戏、皮影戏等。

戏剧表演

戏剧是由演员将某个故事或情境，以对话、歌唱或动作等方式表演出来的艺术形式。戏剧有四个元素，包括演员、故事（情境）、舞台（表演场地）和观众。演员是四者之中最重要的元素，他是角色的代言人，必须具备扮演的能力。戏剧与其他艺术最大的不同之处便在于扮演，通过演员的扮演，剧本中的角色才能得以展现，如果放弃了演员的扮演，那么所演出的便不再是戏剧。

传承中国传统戏剧文化，具有重要的人文价值和现实意义。

2. 戏剧种类

在我国，传统戏剧门类较多，其中最具代表性的戏剧非京剧莫属。除国粹京剧外，我国还有许多地方传统戏剧，如评剧、越剧、豫剧、粤剧、湘剧和花鼓戏等。

对湖南学生来说，可能对湖南花鼓戏情有独钟。在中国地方戏曲剧种中，花鼓戏是同名最多的剧种，其中以湖南花鼓戏最具代表性。由湖南省花鼓戏剧院整理创作的《刘海砍樵》《补锅》和《打铜锣》等剧目，深受全国各地人民群众的喜爱。2008年，花鼓戏入选第二批国家级非物质文化遗产名录。

花鼓戏《刘海砍樵》

花鼓戏《补锅》

　　湖南花鼓戏的流派较多，其中长沙花鼓戏是湖南花鼓戏的代表。它是由农村的劳动山歌、汉族民间小调和地方花鼓(包括打花鼓、地花鼓——花鼓灯)发展起来的，距今已有一百六十余年的历史。

　　不管什么戏剧种类，舞台上的角色都不是按照生活中人的本来面貌出现的，而是根据所扮演角色的性别、性格、年龄、职业以及社会地位等，在化妆、服装等方面的基础上加以艺术的夸张，这样就把舞台上的角色划分成了不同的类型。以京剧为例，其舞台角色分生、旦、净、末、丑五种类型，这五种类型在京剧里的专门名词叫作"行当"。各个行当都有一套表演程式，在唱、念、做、打的技艺上各具特色。

劳动实践

★劳动项目：戏剧非遗传承

【劳动目的】

(1)通过戏剧非遗习得，树立非遗保护传承意识。

(2)通过戏剧非遗习得，培养非遗传承基本技能。

(3)通过戏剧非遗习得，激发创造性传承的志趣。

【劳动任务 1】学唱传统戏剧

戏剧表演

□劳动过程

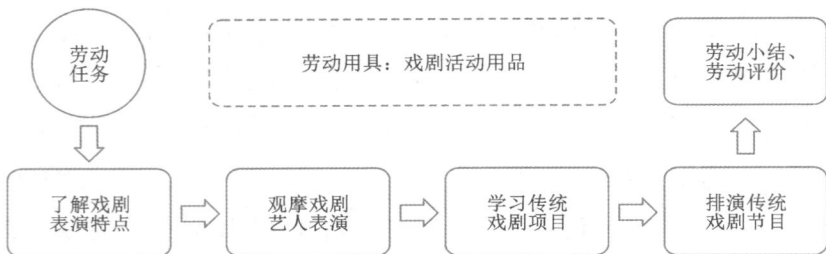

学唱传统戏剧劳动过程

□劳动点拨

（1）练习戏剧表演基本功。

学习戏剧表演，需要练习基本功。虽然不同戏曲剧种的表演艺术各有千秋，但对演员基本功唱、念、做、打等的要求是基本相同的。"唱"指歌唱，"念"指具有音乐性的念白，二者相辅相成，构成歌舞化的戏剧表演艺术两大要素之一的"歌"。"做"指舞蹈化的形体动作，"打"指武打和翻跌的技艺，二者相互结合，构成歌舞化的戏剧表演艺术两大要素之一的"舞"。

戏曲演员从小就要进行表演基本功的训练，虽然演员有不同的角色，但基本功训练的要求是一致的。只有这样才能充分地发挥戏剧的艺术特色，更好地表现和刻画戏中的各种人物形象。

对学生而言，学唱戏曲当然不会像专业演员那样需要苦练基本功，但演员们那种"台上一分钟，台下十年功"的苦练精神是值得大家学习的。

（2）在戏剧演员指导下学唱戏曲。

如果有戏剧演员进校园活动，对学生来说是学习的最好机会。观摩戏剧演员练功、化妆、清唱、戏剧表演和与他们面对面交谈，比自己观看戏剧节目录像的学习效果要好得多。

戏剧进校园

【劳动任务 2】京剧脸谱绘制

京剧脸谱绘制

□劳动过程

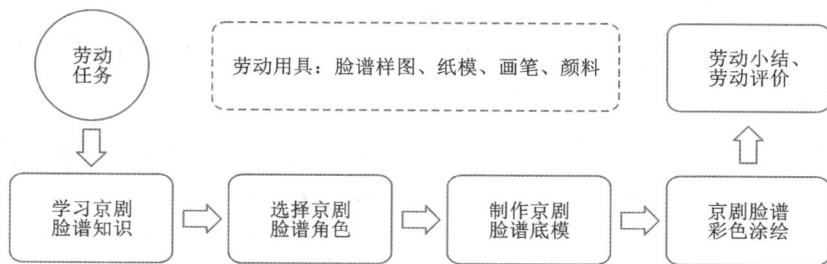

京剧脸谱绘制过程

□劳动点拨

（1）京剧脸谱认知。

进行京剧脸谱绘制前，首先要了解脸谱文化。脸谱，是指中国传统京剧里男演员脸部的彩色化妆。这种脸部化妆主要用于净（花脸）和丑（小丑）。它在形式、色彩和类型上有一定的格式。内行的观众从脸谱就可以分辨出这个角色是英雄还是坏人，是聪明还是愚蠢，是受人爱戴还是使人厌恶。京剧那迷人的脸谱在中国戏剧的脸部化妆中占有特殊的地位。

京剧脸谱

京剧文化走廊

京剧脸谱以"象征性"和"夸张性"著称。它通过运用夸张和变形的图案来展示角色的性格特征。眼睛、额头和两颊通常被画成蝙蝠、蝴蝶或燕子的翅膀状，再加上夸张的嘴和鼻子，制造出所需的脸部效果。一般说来，红脸含褒义，代表忠勇；黑脸为中性，代表猛智；蓝脸和绿脸为中性，代表草莽英雄；黄脸和白脸含贬义，代表凶诈、凶恶；金脸和银脸是神秘，代表神、妖。

（2）准备京剧脸谱绘制的用具。

可以购买京剧脸谱绘制用的空白脸模，也可以自己用白纸制作简单的脸模。

（3）在京剧脸谱绘制活动基础上，可以考虑学校京剧脸谱墙或脸谱走廊的创意，凸显校园里的京剧非遗传承与创新文化。

【劳动评价】

"戏剧非遗传承"劳动素养评价表

评价项目	评价要求	自我评价	小组评价	师长评价	备注
劳动观念	非遗戏剧传承的价值认识				
劳动能力	传统戏剧基本知识掌握				
	传统戏剧基本功习得				
	京剧脸谱绘制技能				
	戏剧非遗传承中的创意能力				
劳动习惯	戏剧非遗传承活动程序				
	戏剧非遗传承活动次数				
劳动精神	戏剧非遗传承活动是否精益求精				

注：在表中空白处填写评价等级，分 A（优秀）、B（良好）、C（一般）。

劳动创智

1. 创智之道：创造想象

在传统戏剧的创造性传承中，人们不仅需要再造想象，而且需要创造想象。例如，在京剧的发展过程中，人们在传统京剧的基础上创造出了《沙家浜》《红灯记》和《智取威虎山》等著名的现代京剧。此外，交响乐《智取威虎山》、芭蕾舞剧《白毛女》和《红色娘子军》等，都反映了人们对传统戏曲文化的创造性传承，也体现了创作者们的创造想象能力。

现代京剧《沙家浜》

现代芭蕾舞剧《白毛女》

　　创造想象是一个藏有无穷智慧的宝库。创造想象，指不依赖现成信息的描述，在客观事物形象的基础上，根据预定目的和任务，经过构想而独立创造出来的新形象。创造想象是想象天空中最光芒四射的一颗星星，它是创新者驶进思维快车道不可缺少的思维方式。

　　在实际想象过程中，人们也常常把再造想象与创造想象结合起来运用，形成一种复合想象。

　　展开创造想象时，应注意调查研究，多收集与创造相关的信息。想象的形式是超现实的，但它的内容必须以事实为依据。有些想象虽很诱人，但不切实际或违反事物的发展规律，只能成为纯粹的幻想或梦想，如永动机、长生不老药、点石成金术等。有些人好高骛远，仅凭一知半解就想攻克世界科学难题，这也是不切实际的幻想。科学的想象应植根于现实生活的沃土之中。想象应反映事物的本质，没有客观基础的想象，犹如海市蜃楼，绝无实现的可能。

2. 创智之思

　　（1）木偶戏也是一种非遗项目，说说这种戏曲的传统特点和创新举措。

木偶戏

（2）观察下图中的产品，说说它们与非遗的联系，并举一反三，提出自己的创意。

（3）观察右图，想想关于锣鼓的创意。

2.3 民俗非遗传承

劳动聚焦

1.自主阅读

女书非遗的传承

女书，湖南江永县民俗。2006 年 5 月 20 日，该民俗经国务院批准列入第一批国家非物质文化遗产名录。女书，严格来讲，应称为"女字"，即妇女文字，是一套奇特的汉字体系。它不仅符号形体奇特，记录的语言奇特，标记语言和手段奇特，而且流行的地区、社会功能和传承历史也很奇特。

21 世纪初，永州积极实施抢救和保护女书文化工程，通过兴建女书文化村，建立女书博物馆，组织开发女书工艺品，发展女书文化产业，使女书文化薪火相传，发扬光大。

2011 年 7 月，上海电影集团和福克斯探照灯公司等联合出品，传媒大亨默多克之妻邓文迪与米高梅主席之妻弗劳伦斯·斯洛恩监制，著名华裔

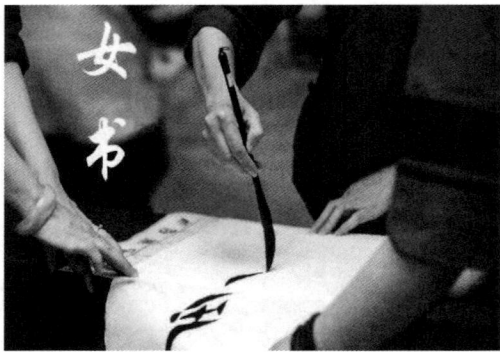

江永女书

导演王颖执导的影片《雪花秘扇》首次公映。该影片根据小说《雪花与秘扇》改编，片中主演李冰冰、全智贤均有不少书写女书的镜头，因女书字形奇特，实拍前两人均做足功课，彻夜练字。

2012 年 5 月 29 日，由音乐家谭盾与费城交响乐团共同演绎完成的《女书：女性神秘之歌》，在费城交响乐团深圳音乐会上演出。这是最富创意的谭盾的新作，他将湖南江永山区一种古老而不可思议的女性文字升华为一种

文化现象，用史诗般的音乐语言创作出一部完全由西洋乐器演奏的大型交响乐。

女书交响乐演出

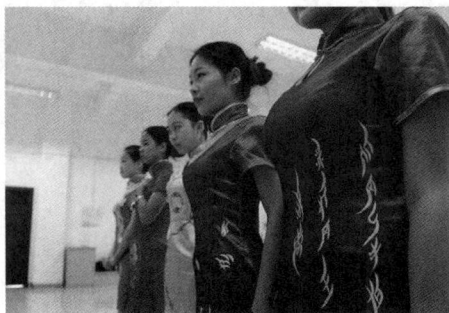

"女书"旗袍

2012 年 11 月，五名学生身着"女书"旗袍在某校园亮相。"女书"旗袍分为红、黄、青、蓝、紫五种不同颜色，旗袍上有大小不一的女书构成精美、秀丽的图案，该设计获得了国家外观设计专利证书。

2. 问题思考

(1)民俗到处可见，列举你所在地区的民俗。

(2)人们从女书这一民俗非遗传承出发提出了若干创意，对此你有什么联想？

(3)在民俗非遗传承中，怎样实现创造性劳动？

劳动视野

1. 民俗的概念

民俗又称民间文化，是指一个民族或一个社会群体在长期的生产实践和社会生活中逐渐形成并世代相传、较为稳定的文化事象，可以简单概括为民间流行的风尚、习俗。简而言之，民俗就是群体内模式化的生活文化。

例如，我国有端午节，并且形成了端午节吃粽子、挂艾草驱虫辟邪和划龙舟等习俗。

端午节习俗

中国是一个历史悠久的民俗文化大国，民俗文化不仅是历史的延续，而且还将会继续延续下去。正是在这种民俗文化形成和发展的过程中，造就了中华民族的精神传统和人文性格，因此，弘扬中国民俗文化，对增强中华民族的凝聚力，有着十分重要的意义。

2. 民俗的类型

由于民俗的范围广泛，所以分类方法很多。一般以民俗事象所归属的生活形态为依据，可将其分为三大类，八小类。

（1）物质生活民俗。其包括：

①生产民俗（农业、渔业、采掘、捕猎、养殖等物质资料的初级生产方面）；

②工商业民俗（手工业、服务业和商贸业等物质资料的加工服务方面）；

③生活民俗（衣、食、住、行等物质消费方面）。

（2）社会生活民俗。其包括：

①社会组织民俗（家族、村落、社区、社团等组织方面）；

②岁时节日民俗（节期与活动所代表的时间框架）；

③人生礼俗（诞生、生日、成年、婚嫁、丧葬等人生历程方面）。

（3）精神生活民俗。其包括：

①游艺民俗（游戏竞技等）；

②民俗观念（诸神崇拜、传说、故事、谚语等所代表的民间精神生活）。

节日舞龙

劳动实践

★劳动项目：民俗非遗传承

【劳动目标】

（1）通过民俗非遗传承，树立非遗保护传承意识。

（2）通过民俗非遗传承，培养非遗传承基本技能。

（3）通过民俗非遗传承，激发创造性传承的志趣。

【劳动任务 1】风筝的制作与放飞

风筝的制作与放飞

□劳动过程

风筝的制作与放飞劳动过程

□劳动点拨

(1)了解风筝文化。

中国风筝有着悠久的历史和高超的技艺,这点早已为世人所公认。2006年5月20日,风筝制作技艺经国务院批准列入第一批国家级非物质文化遗产名录。放风筝不仅是民俗,而且是一项有益健康的户外活动。去野外放飞风筝,不仅是传承中华风筝文化,也是一次人与自然的美好对话。

(2)认识风筝结构和升空原理。

①观察风筝实物,了解风筝的基本结构。从整体上看,风筝分为头部、翅膀和尾部。从组成部件看,有骨架、蒙面和放线。

②去野外放风筝,感悟风筝升空原理。风筝能够上升,需要风力、牵引力和扬力的共同作用。风筝在空中受风,空气会被分成上下流层。风筝下层的空气受风筝蒙面的阻塞,空气的流速降低,气压升高;上层的空气流通舒畅,流速增强,致使气压降低;扬力即是由这种气压之差产生的。风筝在空中基本上处于受力平衡状态。

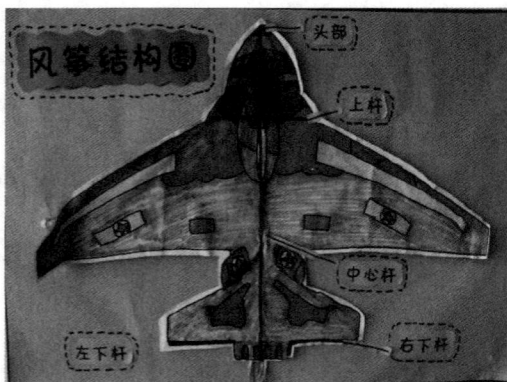

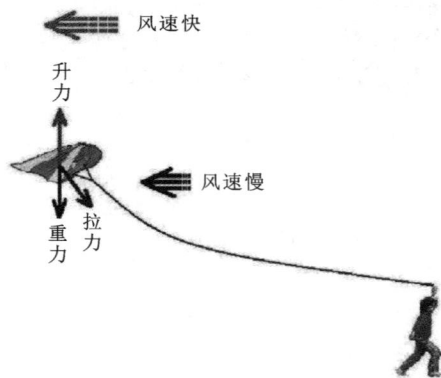

风筝结构   风筝升空原理

(3)手工制作风筝。

参考风筝成品,选择合适材料,并根据个人爱好来设计风筝的不同形状,如三角形、菱形、蜻蜓形、蝴蝶形等。制作过程主要包括扎风筝骨架、糊纸和装线。菱形风筝的骨架制作过程如下图所示。注意基本杆(中心杆)要选用宽厚一点儿的竹篾,壁厚3~5厘米。

（i）　　　　　　（ii）　　　　　　（iii）

（iv）　　　　　　（v）　　　　　　（vi）

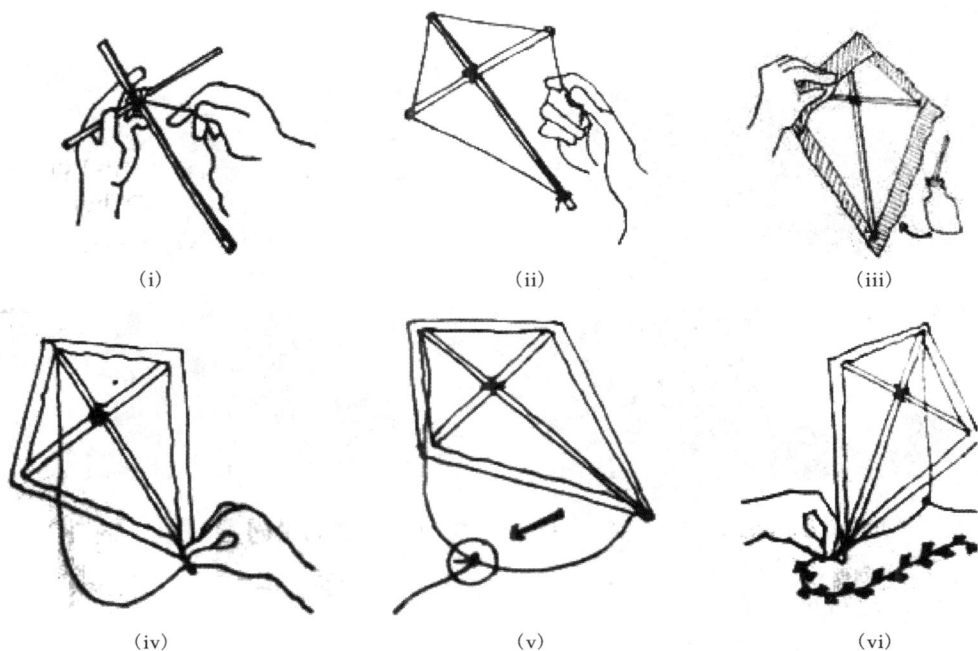

风筝骨架制作过程

将纸糊在风筝骨架上，形成风筝肉层。纸要富有韧性，耐湿耐冲击，色泽白而洁者为佳。安装风筝的牵引线后，风筝就做好了。

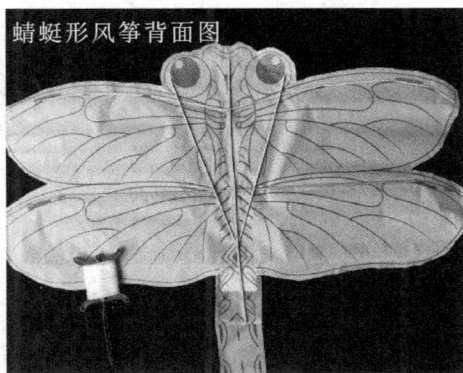

风筝背面图

风筝基本结构做好后，还可以在风筝上涂上你喜欢的色彩，镶上花边，或者系上丝带，挂上纸环。注意：附件不能影响风筝在空中的飞翔，且附件太多会使风筝的飞翔失衡。

【劳动任务 2】学包粽子

包粽子

□劳动过程

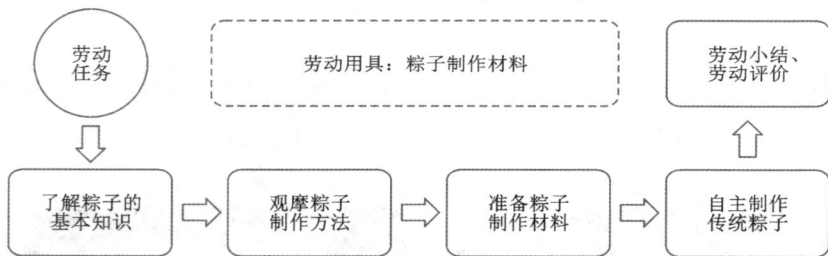

学包粽子劳动过程

□劳动点拨

粽子，是中国历史文化积淀最深厚的传统食品之一。端午节包食粽子的风俗，传播甚远。2012 年，粽子入选纪录片《舌尖上的中国》第二集《主食的故事》系列美食之一。其制作要点有以下几个方面。

(1)粽子选类。粽子材料包括糯米、馅料和箬叶(或柊叶、簕古子叶等)。粽子种类繁多，从馅料看，北方有包小枣的北京枣粽；南方粽子则有绿豆、五花肉、豆沙、八宝、火腿、冬菇、蛋黄等多种馅料，其中以广东咸肉粽、浙江嘉兴粽子为代表。由于各地饮食习惯的不同，粽子形成了南北不同的风味。从口味上分，粽子有咸粽和甜粽两大类。

（2）粽子选形。粽子由粽叶包裹而成，形状多样，主要有尖角状、四角状等。

（3）包粽子的过程如下图所示。

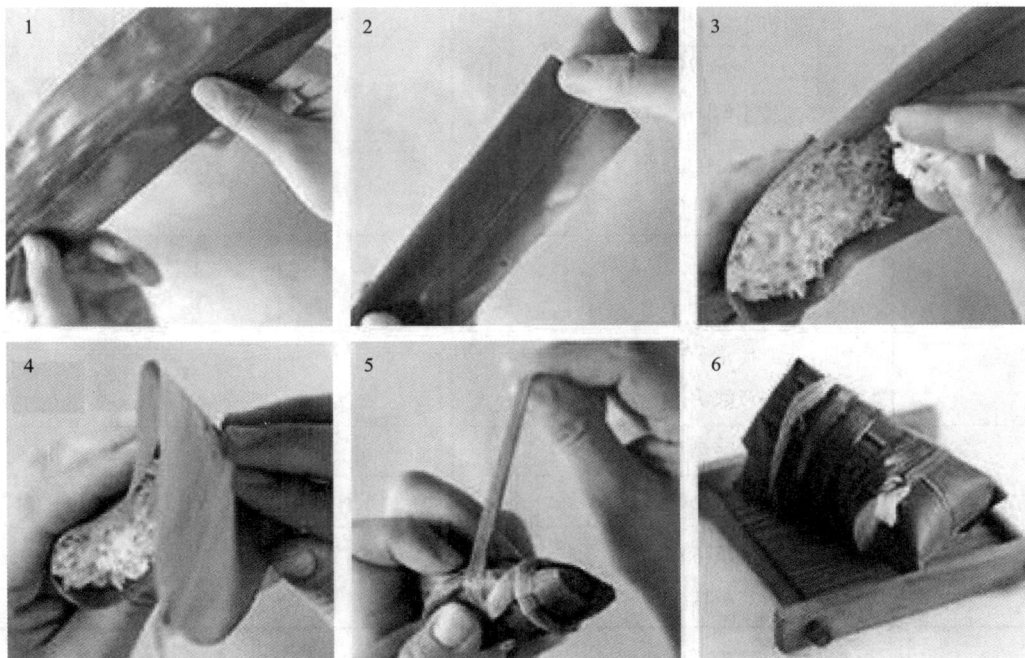

包粽子的过程

粽子的捆扎：豆沙粽不宜捆得太紧，防止米粒挤进豆沙中，如果没有煮透会出现夹生现象。咸肉粽里如果用肥猪肉也不宜扎紧，松紧适度即可；如果用瘦猪肉就要扎紧，因为瘦肉熟了以后会收缩。

粽子的烹煮：煮粽子一定要水滚开以后才落粽子，水要浸过粽面，待水重新滚开再用旺火煮 3 个小时左右即可。注意，在煮粽过程中不要添生水，煮好以后趁热取出。吃时打开粽叶，粽香扑鼻，入口糯而不黏，咸或甜适中，香嫩鲜美，是为上品。

【劳动评价】

"民俗非遗传承"劳动素养评价表

评价项目	评价要求	自我评价	小组评价	师长评价	备注
劳动观念	民俗非遗传承劳动价值认识				
劳动能力	地方民俗的调查了解				
	传统风筝的制作与放飞				
	手工包粽子的技能				
	民俗非遗传承劳动中的创意能力				
劳动习惯	民俗非遗传承劳动程序				
	民俗非遗传承劳动次数				
劳动精神	民俗非遗传承劳动能否精益求精				

注：在表中空白处填写评价等级，分 A(优秀)、B(良好)、C(一般)。

劳动创智

1. 创智之道：联想

在民俗非遗传承劳动过程中，为了发挥创造性，我们需要学会联想。比如，提到端午节的民俗时，我们不仅能想到吃粽子、挂艾叶和划龙舟等活动，安排包粽子、采艾叶等劳动，还能通过联想提出创意，如发明包粽子的辅助工具(如粽叶清洗机、粽馅精制机、粽子蒸锅等)，利用艾叶的功效设计、制作驱虫辟邪的艾风发生器，开展创造性劳动。

粽叶清洗机

艾风发生器

联想是指思路由此及彼的连接，即受所感知或所思的事物、概念或现象的刺激而想到其他与之有关的事物、概念或现象的思维方式。

联想的创造功能是以它的引导作用为基础的。联想的引导作用可使任何两个表面看起来不相干的概念建立起联系。对同一信息可以引出成百上千个联想信息，这其中有些信息是再现的，不足以引起事物概念的变革或思维的突变，但也不乏非显而易见的概念或可以产生思维突变的创意。

联想法则主要有相似联想、相邻联想和相关联想。

相似联想，如从端午节粽子想到端午节香囊，二者的设计理念和产品形象相似。相邻联想，如从放风筝习俗想到创立风筝节，开发创意风筝。相关联想，如从潮州功夫茶想到广东粤剧。

在上述的联想法则中，相关联想，特别是跨界式的相关联想更容易激发创意。在民俗非遗传承劳动中，运用相关联想也会让创造性得到发挥。

2. 创智之思

（1）观看右图所示的民俗风文创作品，说说它的设计特点和实用价值，并说出你对此有何联想。

（2）针对写春联的民俗，运用联想思维提出某种创意。

（3）观察右图，说说这是什么民俗，从中可以得到什么有价值的联想。

（4）茶道文化源远流长，功夫茶也是一种非遗文化，试运用联想法则提出某种创意。

2.4　中药创意制作

劳动聚焦

1.自主阅读

护士的创意杰作

2020 年 5 月，在迎来国际护士节的日子里，南方医科大学中西医结合医院护理部举办了"本草印画"中医药文化创意活动。护士们将中医药文化的知识与创意想象相结合，将中草药创作成艺术展品，尽显心灵手巧，为大家呈现出一场别开生面的"本草印画"展。下面我们就来欣赏其中的几幅优秀作品。

作品之一

作品名称：喜上眉梢

作品理念：中医药抗疫，"战"疫有良方。取中药材入画，绘吉祥喜鹊，跨越病与灾，春与希望扑面而来。

所用药材及功效：

苦丁百合玉蝴蝶，解毒疏肝清肺热。

玫瑰月季海风藤，解郁调经祛风湿。

桂花枸杞决明子，提神明目降三高。

作品名称：一鹿平安

作品理念：在古代，鹿代表健康、好运。在灾难发生时，我们的医护人员总是挺身而出，希望他们每次都能平安归来。

所用药材及功效：红花、小茴香、山楂、厚朴、竹叶，所用中药主要有活血化瘀、健脾理气的功效。

作品之二

作品之三

作品名称：八段锦

作品理念：八段锦强身健体。

所用药材及功效：桑叶、菊花、枸杞、甘草等，有清肝明目等功效。

作品名称：张仲景

作品理念：张仲景被后人尊称为"医圣"，有传世巨著《伤寒杂病论》。

所用药材及功效：

枸杞——滋补肝肾、益精养血；黑豆——抗老防衰、补血养肾；白芥子——温中散寒、利气豁痰；玉米须——利尿、泄热、平肝、利胆；吴茱萸——温中、止痛、理气、燥湿；杜仲——补肝肾，强筋骨；黑芝麻——补益肝肾、养血益精；木蝴蝶——润肺、疏肝、和胃、生肌；玫瑰——理气解郁、活血散瘀；党参——补中益气、生津养血；粳米——润肠通便，中和胃酸。

作品之四

2. 问题思考

(1) 你了解中医吗？它与西医有什么区别？

(2) 阅读材料所述的"本草印画"有何特点？创作意义何在？

(3) 基于中医药资源，我们能够进行什么创造性劳动？

劳动视野

1. 中医

中国传统医药，就是人们常常说的中医。中医的独特之处在于"天人合一""天人相应"的整体观及辨证论治。中华民族在对生命、健康和疾病的认识过程中，形成了历史悠久、理论独特和技术良好的中医药学体系。

中国是中药的发源地，历史上出现了多位中医名家，如孙思邈、扁鹊、张仲景、华佗和李时珍等。

中医名家

在中医的发展过程中，不仅出现过许多名医，而且他们写出了不少中医名著。现存的中医四大经典为：《黄帝内经》《伤寒论》《金匮要略》和《温病条辨》。

中医的治疗手段主要有四诊(望诊、闻诊、问诊、切诊)、中药、针灸(针法、灸法)和拔火罐等。2006年，针灸被国务院批准列入第一批国家级非物质文化遗产名录。

针法、灸法和拔火罐

2018年10月1日，世界卫生组织首次将中医纳入其具有全球影响力的医学纲要。

2. 中药

中药是中医预防、治疗疾病所使用的独特药物，也是中医区别于其他医学的重要标志。古代先贤对中药和中医药学的深入探索、研究和总结，使得中药得到了广泛的认同与应用。

中药主要由植物药(根、茎、叶、果)、动物药(内脏、皮、骨等)和矿物药组成。因中药大多数为植物药，所以中药也称中草药。

(a)人参　　　　　(b)当归　　　　　(c)枸杞

中药

劳动实践

★劳动项目：中药创意制作

【劳动目标】

（1）通过中药创意制作，感悟中药传统文化。

（2）通过中药创意制作，了解中药基本知识。

（3）通过中药创意制作，激发中药文创志趣。

【劳动任务 1】中药泡脚包制作

中药泡脚

□劳动过程

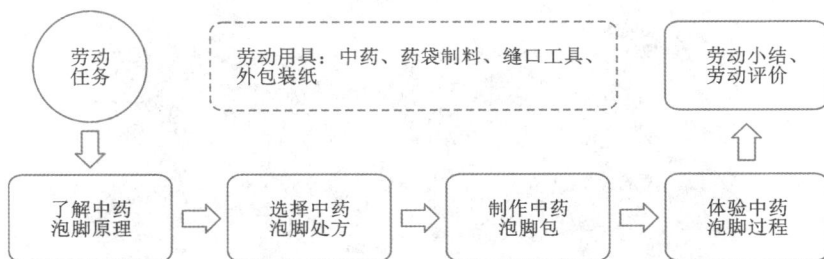

中药泡脚包制作过程

□劳动点拨

（1）理解中药泡脚原理。中药泡脚是通过温度和药物，利用皮肤的御邪、分泌、吸收、渗透、排泄、感觉等多种功能，作用于局部皮肤、肌肉、关节，改善三者的代谢，强化其功能，并且通过皮肤对药物的吸收，针对局部及全身的疾病进行治疗。其能调和周身气血，调整脏腑功能，治疗多种疾病。

（2）了解泡脚药方。①祛风除湿药材配方：老姜、肉桂、牛膝、秦艽、泽兰、桑枝、独活、赤芍、徐长卿、防己。②消除疲劳药材配方：党参、北芪、茯苓、白术、川芎、陈皮、石菖蒲。③去脚气药材配方：苦参、黄柏、大黄、蛇床子、紫草、赤芍、地肤子、石菖蒲、蒲公英。

（3）选择好泡脚盆。中药泡脚对泡脚盆的选择是有讲究的，既然是泡脚，就要体现出一个"泡"字来。"泡"在这里体现的是水要多，热量要够，时间要长。不能随便拿一个盆放点水，那样是起不到养生作用的，最多也就是洗脚，而不是泡脚。泡脚盆要求是质地应无害、安全、保温性能好。泡脚盆的高度最好超过20厘米，可以让水没过踝关节，也可买一些具有物理治疗功能的洗脚器。

中药泡脚盆

【劳动任务 2】中药贴画制作

中药贴画

□劳动过程

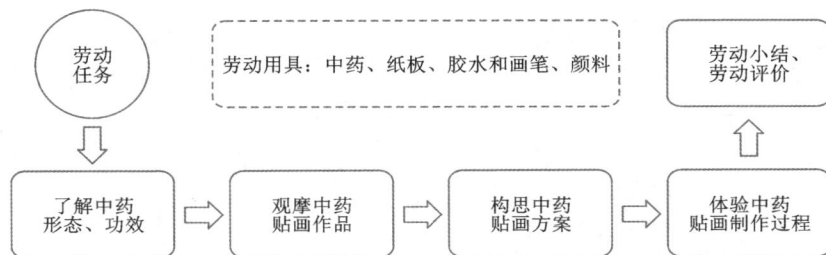

中药贴画制作过程

□劳动点拨

中药贴画步骤：

（1）了解中药。中药很多，学生制作中药贴画时最好直接选择药店里常售的中药切片或小颗粒，以便了解它们的形态、色彩和药用价值。此外，还需要了解其厚重、轻薄、粗糙、细腻、鲜艳、灰暗等视觉特征。

（2）设计底稿。一般中药贴画的制作过程有贴有画，贴的是中药材，画的是线条、色块、意境。因此，设计底稿时要统一考虑贴什么和画什么，二者怎样融为一个主题。主题和构思确定之后，在选好的纸板上勾画出轮廓。

中药贴画作品

（3）用笔绘画。如果贴画中有"画"，则先要手工绘画。

（4）胶贴中药。使用胶水将中药贴到预先确定的纸板位置。细小的中药需要用镊子。

（5）贴画装饰。在贴画上题字签名，将其用画框裱制，即完成了中药贴画作品。

【劳动评价】

"中药创意制作"劳动素养评价表

评价项目	评价要求	自我评价	小组评价	师长评价	备注
劳动观念	中医创意制作劳动价值认识				
劳动能力	常用中药的识别				
	中药切片贴画的制作				
	中药泡脚包的制作				
	中药制作过程中的创意能力				
劳动习惯	中药创意制作劳动程序				
	中药创意制作劳动次数				
劳动精神	中药创意制作劳动过程能否精益求精				

注：在表中空白处填写评价等级，分 A（优秀）、B（良好）、C（一般）。

劳动创智

1. 创智之道：灵感

在中药创意制作劳动中，许多创意可能源于灵感。例如，有人想利用中药升麻创作中药贴画，对其创作主题苦思冥想多日也无结果。有天去看足球比赛，运动员带球射门的情景使他茅塞顿开，关于升麻贴画的灵感涌进脑海，回家后伏案构思创作，一幅题为"射门"的升麻贴画就完成了。紧接着，第二幅与体验相关的《冲浪》升麻贴画也创作出来了。

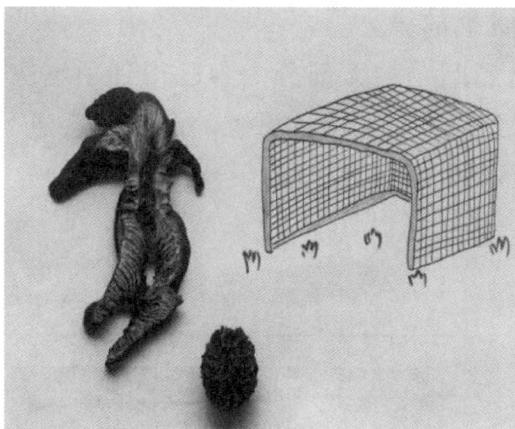

⊙画作说明：我是"升麻"，一个爱好体育运动的"中药男孩"。中药升麻，微寒，能够发表透疹、清热解毒、升阳举陷，主治时气疫疬、头痛寒热、喉痛、口疮、斑疹不透等。

中药升麻贴画

灵感有时又称为顿悟。在古希腊，诗人被看作神的代言人，他只有获得神灵的启示，才能创作出非凡的作品。其实，灵感既非神赐灵气，也非天才的特有素质，它是人类思维中的一种客观现象，是正常人都具有的一种思维品质。人们在生产实践活动中，脑海中可能突然闪现某种新思想、新主意，突然找到解决问题的新点子，突然从纷繁复杂的现象中领悟到事物的本质，这种"突然闪现""突然找到""突然领悟"新东西的思维现象，就是我们所说的灵感。

由于灵感具有突发性和瞬间性，所以不能完全按照人的意志出现和控制，但创造者可以创造条件去"诱捕"它。"诱捕"灵感的途径可概括为 8 个字：积累、迷恋、松弛、触发。

灵感来也匆匆，去也匆匆。这种转瞬即逝的思维火花，与平时长期的知识与经验积累密切相关。只有大量地积累各种感性材料，才有可能出现理性的质变，在瞬间爆发灵感。

迷恋是指产生强烈的创造动机与欲望，使自己的兴趣、注意力、情感和思维都集中在与问题有关的方面上来，进行执着追求和苦苦求索。如果我们不迷恋某种问题的求解或劳动成果的获得，是绝无创造性灵感可言的。

许多事例证明，灵感大多是在长期紧张思考后暂时松弛时得到的。从心理学的观点看，思维松弛有利于发挥潜意识的作用。因此，在苦思冥想的过程中，来一点儿松弛活动，是对灵感的欲擒故纵。

触发是指经过长期紧张的思考，所想问题的大部分内容已得到了解决，但在关键点上卡住了，这时如果能够得到诱因的触发，思维的酝酿就会进入突变前夕，对问题解决或创意萌发有所顿悟，从而实现对灵感的捕获。

2. 创智之思

（1）观察右图所示中医治疗，说说这是什么治疗手段，从中能否产生新的创意灵感。

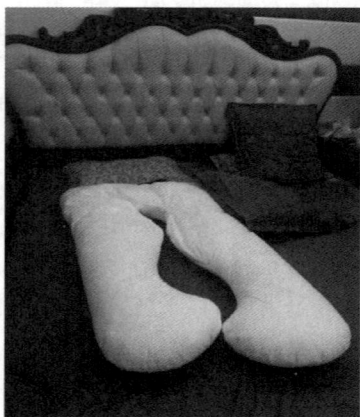

（2）左图为根据中药保健原理制作的药物抱枕，猜猜它最适合谁用？从中能否产生新的灵感？

（3）在客厅里挂上几幅中药贴画，除了追求艺术美感之外，也可以使之具有实用价值。请你试着提出创意。

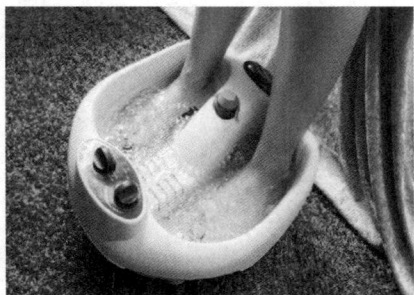

（4）左图所示的泡脚盆与普通的洗脚盆有什么不同？试利用泡脚的休闲时刻诱发某种创造性劳动灵感。

第 3 章 田园种植收获

　　《在希望的田野上》是一首著名的歌曲，反映了人们对田野劳动价值实现的需求与渴望。在学校劳动教育中，我们既可以深入校外农学基地参加力所能及的粮食种植劳动，也可以在学校的小农庄里开展蔬菜、花卉和食用菌等的种植劳动。当然，若在这些生产劳动中能够收获创造性劳动成果，那么更是一种快乐的享受。

3.1　田野春播秋收

劳动聚焦

1. 自主阅读

河姆渡考古发现

俗话说："民以食为天。"在中国，水稻是五谷之首，稻米及其制品是我国人民最主要的食物，60%以上的人口以稻米为主食。毋庸置疑，中国是种植水稻历史最悠久的国家。

水稻，养活着全世界一半以上的人口，贡献巨大。关于水稻的起源，多年来学者们普遍认为水稻的原产地是亚洲的印度。不过，20世纪60年代到90年代，由于中国考古有了重大发现，人们对水稻原产地又有了新的说法。

1973年，中国浙江省余姚市河姆渡镇的"河姆渡遗址"发掘。在40000平

水稻

方米的范围内发现了很厚的人工栽培稻炭化物，以及石磨、骨耜、木铲等谷物生产工具。经测定，该遗址距今已有6000多年。河姆渡遗址及河姆渡文化的发现，是中华人民共和国成立以来最重要的一项考古成果，《考古》杂志将其评为"20世纪中国100项重要考古发现"之一。

1988年11—12月，湖南考古研究所发掘澧县城头山遗址，发现了距今八九千年的稻谷壳，这成为世界上最早的稻作农业标本之一。

河姆渡遗址及出土的稻谷

2. 问题思考

（1）古诗云："谁知盘中餐，粒粒皆辛苦。"这里的"粒粒"，除了大米外，还包含哪些粮食品种？

（2）城市中学开展学农劳动，怎样因地制宜？

（3）在农业种植劳动中，怎样才能获得创造性劳动成果？

劳动视野

1. 二十四节气

二十四节气是上古农耕文明的产物，农耕生产与大自然的节律息息相关，它是上古先民顺应农时，通过观察天体运行，认知一岁中时令、气候、物候等方面的变化规律所形成的知识体系。每个节气都表示着气候、物候、时候的不同变化。在历史发展中，二十四节气被列入农历，成为农历的一个重要部分。

二十四节气分别为：立春、雨水、惊蛰、春分、清明、谷雨、立夏、小满、芒种、夏至、小暑、大暑、立秋、处暑、白露、秋分、寒露、霜降、立冬、小雪、大雪、冬至、小寒、大寒。二十四节气中的立春、惊蛰、清明、立夏、芒种、小暑、立秋、白露、寒露、立冬、大雪、小寒，分别为干支历寅月、卯月、辰月、巳月、午月、未月、申月、酉月、戌月、亥月、子月、丑月的起始。

二十四节气既是历代官府颁布的时间准绳，也是进行农业生产的指南针，是日常生活中人们预知冷暖雪雨的指南针。二十四节气在我国传统农耕文化中占有极其重要的地位，其背后蕴含了中华民族悠久的历史文化积淀。

立春

2. 粮食

"民以食为天"，粮食在整个国民经济中始终具有不可替代的基础地位。粮食是指烹饪食品中各种植物种子的总称，也可概括为"谷物"。粮食作物含丰富的营养物质，主要为蛋白质、维生素、膳食纤维、脂肪、淀粉等。

古时行道曰粮，止居曰食，后亦通称供食用的谷类、豆类和薯类等为原粮和成品粮。联合国粮食及农业组织的"粮食"概念是指谷物，包括麦类、豆类、粗粮类和稻谷类等。

世界粮食日

在 1979 年 11 月举行的第 20 届联合国粮食及农业组织大会决定将 1981 年 10 月 16 日作为首个世界粮食日纪念日。此后每年的世界粮食日都要开展各种纪念活动，旨在提醒人们关注第三世界国家长期存在的粮食短缺问题，敦促各国政府和人民采取行动，增加粮食生产，更合理地进行粮食分配，与饥饿和营养不良做斗争。

2012 年，国家粮食局在世界粮

食日这一天向全国粮食行业干部职工发起倡议，倡导自愿参加 24 小时饥饿体验活动，以更好地警醒世人"丰年不忘灾年，增产不忘节约，消费不能浪费"。

劳动实践

★劳动项目：粮食种植

【劳动目标】

(1)通过粮食种植劳动，体会农民的辛勤劳动。

(2)通过粮食种植劳动，掌握粮食的种植技能。

(3)通过粮食种植创意，激发创造性劳动志趣。

【劳动任务 1】水稻种植

水稻种植

□劳动过程

水稻种植劳动过程

□劳动点拨

水稻是稻属谷类作物，代表种为稻。水稻按稻谷类型分为籼稻和粳稻、早稻和中晚稻、糯稻和非糯稻；按留种方式分为常规水稻和杂交水稻。稻的生长周期较短，最长一年，最短则三四个月，生育期为 135 天左右，其在生育期内就能完成发芽、开花、结穗的过程。

稻谷的种植技术包括稻田处理、育秧插秧和田间管理。传说中是神农氏炎帝教导农民如何种植水稻的。水稻的传统种植过程主要包括以下几步：

（1）整地。种稻之前，必须先将稻田的土壤翻耕，使其松软，这个过程分为粗耕、细耕和盖平三个步骤。过去通常使用水牛和犁具来整地犁田，但现在多用机器整地了。

（2）育苗。好的稻苗是稻作成功的关键。过去，农民需要在某块秧田中播种培育秧苗，现在则有专门的育苗中心使用育苗盘来培育秧苗。

育苗盘育秧

抛秧

（3）插秧。当秧苗长高至约八厘米时，就可以往大田移栽。过去是用人工插秧，现在则采用抛秧或机械插秧了。

（4）除草除虫。秧苗成长的时候，得时时照顾，并拔除杂草，有时也需要用农药来除掉害虫（如福寿螺）。

（5）施肥。秧苗在抽高，长出第一节稻茎的时候，称为分蘖期。这段时间往往需要施肥，让稻苗苗壮成长，并促进日后结穗米质的饱满和数量。

（6）灌排水。水稻比较依赖这个程序，旱稻的话是旱田，灌排水的过程较不一样，但是一般需在插秧后，幼穗形成时，还有抽穗开花期加强灌溉。

（7）收成。当稻穗垂下、金黄饱满时，就可以开始收割。过去是农民用镰刀一束一束地割下，再扎起，利用打稻机使稻穗分离，现在则用收割机将稻穗卷入，直接将稻穗与稻茎分离出来成为稻谷。

人工割稻 打稻机作业

近年来，水稻种植新技术不断产生和推广应用。因此，在水稻种植劳动实践中，也要多多关注这方面的新技术，这也是创造性劳动教育的内容之一。

【劳动任务 2】旱粮种植

旱粮种植

口劳动过程

旱粮种植劳动过程

口劳动点拨

（1）了解旱地种植的共性。

旱地指无灌溉设施，主要靠天然降水种植旱生农作物的耕地，包括没有灌溉设施，仅靠引洪淤灌的耕地。大家所说的"五谷杂粮"中有稻谷、麦子、大豆、玉米和薯类，其中的麦子、大豆、玉米和薯类（红薯、马铃薯等）一般都在旱地种植，只要定期补充水分就能使其成熟。

在长期的生产发展过程中，各地区积累了抗旱耕作、抗旱栽培、抗旱保墒、合理轮耕、精耕细作、用地养地、农牧结合等方面的丰富经验。

（2）了解不同旱粮的习性。

不同的旱粮有不同的种植习性。例如，小麦是禾本科植物，为长日照作物（每天需 8~12 小时光照），如果日照时间不足，则会影响抽穗结实。大豆是豆科属的一年生草本植物，花期为 6—7 月，果期为 7—9 月。马铃薯，属茄科，一年生草本植物，块茎可供食用，在南方一些省份，也叫"冬薯"，因为常在收割完秋季水稻后的冬季种植。红薯抗病虫害强，栽培容易。

（3）在有种植经验的农民或老师的指导下进行试种。掌握土地整理、播种育苗、移苗栽培、中期管理和按时收获等方面的技术。

（4）注意了解旱粮种植新技术的应用。

旱粮种植

【劳动评价】

"粮食种植"劳动素养评价表

评价项目	评价要求	自我评价	小组评价	师长评价	备注
劳动观念	粮食种植劳动价值认识				
劳动能力	常见粮食作物的识别				
	水稻种植劳动的技能				
	旱粮种植劳动的技能				
	粮食种植劳动过程中的创意能力				
劳动习惯	粮食种植劳动程序				
	粮食种植劳动次数				
劳动精神	粮食种植劳动过程能否精益求精				

注：在表中空白处填写评价等级，分 A（优秀）、B（良好）、C（一般）。

劳动创智

1. 创智之道：观察奇异法

创造往往始于观察。贝弗里奇认为："在研究工作中养成良好的观察习惯比拥有大量学术知识更为重要，这种说法并不过分。"在创造性劳动中，我们同样需要观察。

番茄

山西有个叫赵跃荣的农民，有一次他下地劳动时，观察到一枝被篱笆压弯的番茄株上的果实结得特别好，一层一层，红到顶部，而地里的其他番茄株，尽管株株挺直，但在采摘第三果后，余下的果子很难成熟。赵跃荣对"弯头"番茄株仔细观察，并进行了试验研究。结果发现，经过弯头处理栽培出来的番茄的确出类拔萃。这是什么原因呢？原来，经弯头处理的植株能消除顶端优势，促进营养供给和植株生长。

在受到观察到的现象的启迪下，赵跃荣尝试了一种"V 型栽培法"，结果发现这种方法能提高番茄产量。不久，这项新技术很快在全国不少地区推广，被国家科委列为投资少、效益好的科技兴农星火计划项目，并被拍成科教片《番茄 V 型栽培法》，发行到世界 100 多个国家。

洞察奇异法，是一种将自然界新奇现象当作创造"种子"的创造技巧，应用这种技巧的关键在于善于洞察。所谓善于洞察，就是要善于用敏锐的眼光去看，用科学的头脑去想。善于"搜尽奇峰打草稿"，巧遇"机遇女神"的机会就会比一般人多得多。慧眼识珠，才会捕捉到创造的契机。

应用洞察奇异法进行创造，难点在于能否发现奇异现象背后的某种理化效应、生理效应等。所谓效应，是指自然界的某种作用产生的效果或反应，如电磁效应、光电效应、磁场效应、温室效应、臭氧层效应等。我们通过观察发现奇异事物或现象后，应深入分析其与常规效应不同的奇异效应。只有深入地洞察，才有可能悟出创造的思路。

2. 创智之思

（1）有人发现水稻根系具有聚砷作用，且这种现象会影响稻谷的品质，对此你有什么创意？

（2）有人在无水层的旱地条件下种植出稻谷（旱稻或陆稻），这说明了什么？给人什么启示？

（3）红薯通常是长在地下的，现在有人栽培出右图所示的"长在空中的红薯"，引来人们观赏，思考这种红薯是怎样栽培出来的。

（4）左图所示为某山区的梯田，农民在此辛勤种植水稻。除此之外，你从梯田种植还看到了什么新希望？

3.2　蔬菜新法栽培

劳动聚焦

1. 自主阅读

无土栽培的发展

蔬菜种植是一项重要的农业生产。在菜地里种植蔬菜，是一件司空见惯的事情，但对于无土栽培蔬菜，你可能感到新奇。在今天的温室大棚里，无土栽培技术已经得到广泛应用。

19 世纪中叶，德国科学家 Van Leibig 建立了矿质营养理论的雏形，奠定了现代无土栽培技术的理论基础。Sachs 和 Knop 在 1860 年前后成功地在营养液中种植植物，提出了沿用至今的用矿质营养液培养植物的方法，并逐步演变成现代的无土栽培技术。

1929 年，美国的 Gericke 进行了大规模的无土栽培研究，用营养液种出了植株高达 7.5 米的番茄，单株收果实 14 千克。

20 世纪 40 年代，无土栽培作为一种新的栽培方法，陆续用于农业生产。不少国家先后建立起了无土栽培基地，有的还建起了温室。

在第二次世界大战期间，英国空军在伊拉克沙漠、美国在太平洋的威克岛曾先后用无土栽培的方法种植蔬菜，满足战时需要。后来，不同国家开始应用无土栽培技术，并获得较大的发展。

1955 年，在荷兰举行第 14 届国际园艺学会议期间，一些无土栽培研究者发起成立了国际无土栽培工作组（简称 IWGSC），1980 年改称为国际无土栽培学会（简称 ISOSC）。

我国无土栽培的研究和生产应用始于 20 世纪 70 年代，主要是水稻无土育秧，蔬菜作物无土育苗。1980 年，全国成立了蔬菜工厂化育苗协作组，除

无土栽培番茄

研究无土育苗外，还进行了保护地无土栽培技术研究。2016 年，中科院植物研究所和福建三安集团建立起世界上面积最大的全人工光植物工厂中科三安植物工厂，实现了无土栽培蔬菜生产的大规模产业化应用。

2. 问题思考

（1）蔬菜栽培新技术不断出现，除了蔬菜无土栽培技术外，你还知道哪些蔬菜栽培新技术？

（2）某学校创造了"天台农场"，这种种植方式有何特点？

（3）在蔬菜的栽培过程中，怎样才能发挥创造性？

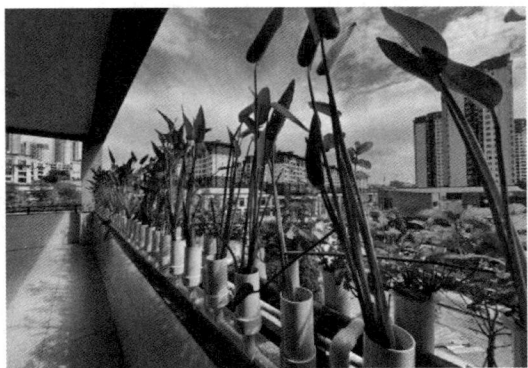

天台农场

1.蔬菜基本知识

在人们的日常食物中，蔬菜是不可或缺的，因为它可以提供人体必需的多种维生素和矿物质等营养物质。据联合国粮食及农业组织1990 年统计，人体必需的维生素 C的 90%、维生素 A 的 60% 来自蔬菜。此外，蔬菜中还有多种多样的植物化学物质，是人们公认的对健康有效的成分。

蔬菜

蔬菜种植到处可见，无论是农村的田间、菜地，还是城市的屋顶、阳台，都可以种植各种各样的蔬菜。我国普遍栽培的蔬菜虽有 20 多个科，但常见的一些种或变种主要集中在以下科类：瓜类、绿叶类、茄果类、白菜类、块茎类、真根类、葱蒜类、甘蓝类、豆荚类、多年生菜类、水生菜类、菌类等。

播种时间的选择，可按季节，也可按月份。一般情况下，到种子商店购买蔬菜种子时，种子包装袋上都标注有最佳播种时间和播种注意事项。没有包装袋的种子，则需要请教他人。

2.蔬菜种植新技术

（1）大棚蔬菜种植。

大棚蔬菜种植是一项蔬菜种植的新技术，它发明之后很快就被推广普及了。人造大棚能够提供一种适合蔬菜生长的保温环境，使得人们在任何时候都可以吃到蔬菜，对保障"菜篮子"工程起着重要的作用。

在一般情况下，蔬菜大棚都采用竹与钢为主的结构骨架，然后在上面覆盖一层或多层保温塑料薄膜，这样就制造出了一个完整的温室空间。塑料薄膜可以有效防止蔬菜生长过程中产生的二氧化碳流失，以达到大棚内需要的保温效果。

采用大棚种植方式，需要考虑的制约因素主要是肥害、药害和旱害。

蔬菜大棚

蔬菜无土栽培

(2)蔬菜无土栽培。

在大棚蔬菜栽培中，无土栽培是得到重视的一种新技术。采用这种技术的作物不是栽培在土壤中，而是种植在溶有矿物质的水溶液(营养液)里，或在某种栽培基质中，用营养液进行作物栽培。只要有一定的栽培设备和管理措施，作物就能正常生长。无土栽培的作物通常生长发育良好，产量高，品质上乘。

 劳动实践

★劳动项目：蔬菜种植

【劳动目标】

(1)通过蔬菜种植劳动，体会菜农的辛勤劳动。

(2)通过蔬菜种植劳动，掌握蔬菜的种植技能。

(3)通过蔬菜种植创意，培养创造性劳动志趣。

【劳动任务 1】菜地种植蔬菜

在学校菜地种植蔬菜

□劳动过程

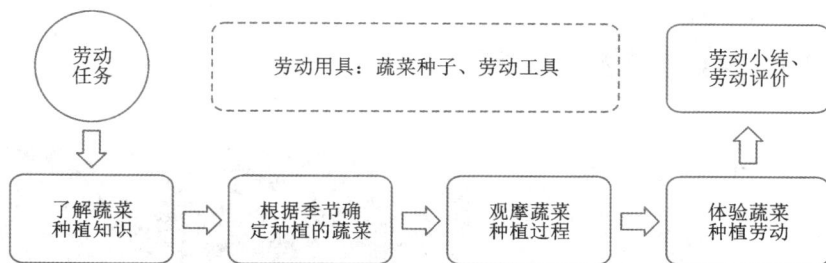

蔬菜种植劳动过程

□劳动点拨

菜地种植蔬菜，主要劳动是进行蔬菜管理，即指蔬菜从播种（或定植）至收获完毕前，为改善土壤条件以达到高产优质而采取的管理措施，包括中耕、培土、灌溉、施肥和地面覆盖等。

（1）中耕。多数蔬菜作物根系分布浅，与杂草相比竞争力弱，根系呼吸需氧量高，要求土壤疏松，有较好的透气性，这就决定了中耕的必要性。中耕的次数、深浅因蔬菜种类、土壤状况和季节而异。

（2）培土。通常结合中耕进行。对茄子、辣椒等株形较大的蔬菜进行培土，可增强其抗风能力，防止倒伏，也可避免曝晒伤根引起死亡。冬季对露地植株进行培土，可预防冻害。

（3）灌溉。蔬菜根部的吸水能力较弱，因此，土壤水分不足会影响蔬菜的出苗。干旱时要注意轻浇、勤浇。移植栽培的蔬菜，定植前数日进行控水炼苗，可增强其抗旱能力。

（4）施肥。施肥方法因蔬菜种类和需肥特性而异，为了保证植株发棵与结果协调进行，宜多施基肥，勤施追肥，氮磷钾配合。施肥的种类、数量和时期根据植株长相诊断或营养诊断决定。

蔬菜地

（5）地面覆盖。这是减少土壤水分蒸发和提高地温的重要方法。过去多以稻草作覆盖材料，现多用塑料薄膜覆盖。用特种地膜进行覆盖还有灭草、避蚜等功能。

【劳动任务2】蔬菜无土栽培

无土栽培蔬菜

□劳动过程

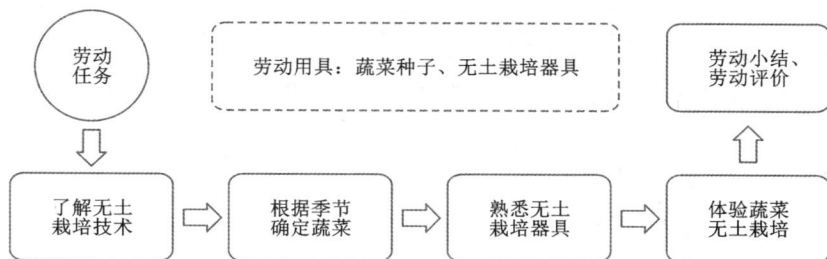

蔬菜无土栽培过程

□劳动点拨

无土栽培的类型和方法很多，按照其固定方式，大致可分为无基质栽培和基质栽培两大类。

（1）无基质栽培

无基质栽培的特点是栽培作物没有固定根系的基质，根系直接与营养液接触。无基质栽培又分为水培和雾培两种。水培是指不借助基质固定根系，使植物根系直接与营养液接触的栽培方法。雾培又称气培或气雾培，是利用过滤处理后的营养液在压力作用下通过雾化喷雾装置，将营养液雾化为细小液滴，直接喷射到植物根系以提供植物生长所需的水分和养分的一种无土栽培技术。

（2）基质栽培

基质栽培的特点是栽培作物的根系有基质固定，它是将作物的根系固定在有机或无机的基质中，通过滴灌或细流灌溉的方法，供给作物营养液。有机的基质有泥炭、稻壳、树皮等，无机的如蛭石、珍珠岩、岩棉、陶粒、沙砾、海绵土等都可作为支持介质。

无土栽培的核心是用营养液代替土壤提供植物生长所需的矿物营养元素，因此，在无土栽培技术中，能否为植物

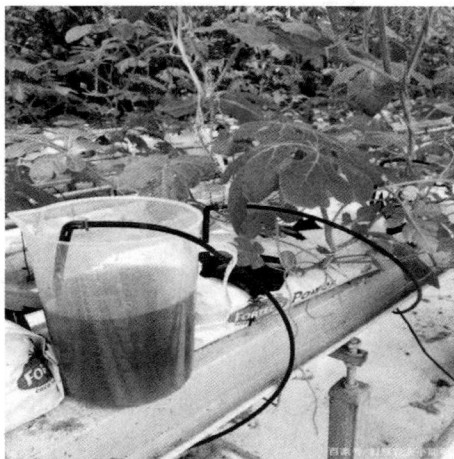

营养液

提供一种比例适当、浓度适宜的营养液，是栽培成功的关键。不同的作物和品种、同一作物不同的生长阶段，对各种营养元素的实际需要都有很大的差异。所以，在选配营养液时要先了解不同品种、各个生长阶段对各类必需元素的需要量，并以此为依据来确定营养液的组成成分和比例。一方面要根据作物对各种营养元素的实际需要，另一方面还要考虑作物的吸肥特性。

【劳动评价】

"蔬菜种植"劳动素养评价表

评价项目	评价要求	自我评价	小组评价	师长评价	备注
劳动观念	蔬菜种植劳动价值认识				
劳动能力	常见蔬菜作物的识别				
	菜地种植蔬菜的技能				
	无土栽培蔬菜的技能				
	蔬菜栽培劳动过程中的创意能力				
劳动习惯	种植劳动程序				
	种植劳动次数				
劳动精神	种植劳动过程能否精益求精				

注：在表中空白处填写评价等级，分 A（优秀）、B（良好）、C（一般）。

劳动创智

1.创智之道：精细观察

尽管人人都有观察能力，但是观察所表现出来的风格和得到的收获却可能大相径庭。有人浮光掠影，走马观花，不去观察事物的细节，则无法获得真相，更难有创造。

有位医学教授有次给学生上课时，用手指在糖尿病患者的尿样里蘸了一下，然后放在口里尝了尝。接着，他要求学生照他的样子重复一遍。学生们无可奈何，愁眉苦脸地勉强照着做了，并且一致认为尿液微带甜味。这时，教授语重心长地说："从事科学研究不仅需要勇气，更需要精细的观察能力。刚才，如果你们细心观察的话，就会发现我伸进尿样里的是中指，舔的却是食指。"教室里顿时一片哗然，学生们似有所悟。

皮蛋是我国著名的特产之一，已有数百年的历史，且一直在大量出口，深受消费者欢迎。随着保健意识的增强，市场对皮蛋含铅量的限制日益严格。而我国用传统制作工艺生产的溏心皮蛋，含铅量极易超标。要扩大出口，唯有改变传统皮蛋的加工方法。其实，这种认识在皮蛋制作厂家早已形成，许多人也专门立项研究过无铅皮蛋的制作方法，但都没有取得成功。后来，有人从皮蛋外壳满布的细微黑点中得到启发，在非铅皮蛋的制作上取得了突破性的成功。

大自然的许多真谛常常是被遮掩着的，只有细致入微、精细观察那些很不起眼的"疑点"或"黑点"，才有可能发现通往真谛的大门。精细观察的要点在"精细"二字上，走马看花、粗枝大叶式的观察，与其格格不入。精细观察，要对事物的方方面面、里里外外看得明明白白，不留一点死角；对事物发展过程的观察要格外留心，不放过任何蛛丝马迹。

而要做到精细观察，有时光靠人的眼睛是不行的，也需要借助实验仪器的功能。不过，也有人在用仪器观察事物时，粗枝大叶的毛病使他与创造擦肩而过。因此，精细观察，不仅需要明亮的眼睛和可靠的仪器，而且需要一种细致入微的素质。

2. 创智之思

（1）为了防止虫害，需要给蔬菜苗床里的土壤消毒。我们怎样才能知道土壤里有哪些虫害？有什么方便、环保的菜土消毒方法吗？

（2）在蔬果种植园中，我们看见了左图所示的情况，试说说这是为什么。

（3）右图所示为蔬菜种植园里的一种情景，试说说你观察到了什么创新，对此有何联想。

（4）随着农业技术的发展，智能大棚也越来越多，试说说在这里能够看见哪些创新。

3.3　花卉创意盆栽

劳动聚焦

1. 自主阅读

中国名人爱花

孙中山爱荷花。早在 1916 年 8 月，孙中山应邀游杭州西湖赏荷时，就曾对友人说过"中国当如此花"，他希望中国像荷花那样高洁挺立、磊落光明。1918 年，他还把 4 颗莲子作为友好的象征送给日本友人，被称为"友谊莲"。

荷花

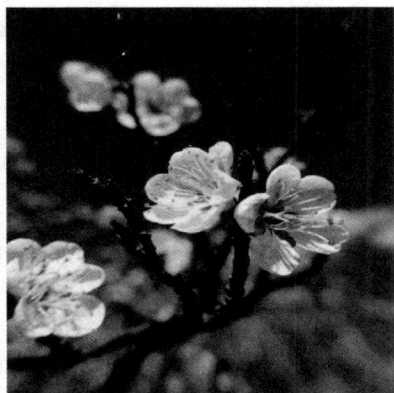

梅花

毛泽东爱梅花。毛主席一生爱梅，他生前在中南海居住的院里屋内都摆有梅花。就是外出巡视工作，休息时毛主席也总爱在梅树下散步、读书。最能说明他爱梅的应该是他写的咏梅词。如今在毛主席纪念堂各大厅里都摆放有鲜艳的梅花。

刘少奇爱荷花。荷花出淤泥而不染，濯清涟而不妖，象征人品高洁、情操纯真。刘少奇看到荷花必加赞扬。他还提倡公园多栽种荷花供游人观赏，说荷花、莲子、莲叶、莲藕都可以创造经济价值。

周恩来爱马蹄莲。周总理爱樱花，但他更爱洁白、纯真的马蹄莲。1964

年 11 月，他出使苏联归来，毛主席、刘少奇等中央领导到机场迎接他，送的就是一束盛开的马蹄莲，以表示欢迎之意。

朱德爱兰花。他识兰、养兰的造诣很高，到过全国十多座名山采兰。他种有几千盆珍贵的兰花，全国很多城市公园的兰圃都有他的题匾。现在北京植物园里还有他送的两千多盆兰花，人们戏称他为"兰痴"。

宋庆龄爱康乃馨。宋庆龄喜欢种花，现在她故居的庭院中还有她当年栽种的玫瑰、牡丹、石榴等，年年花繁叶茂。她最爱黄色康乃馨。此花姿容绚丽、多花并发，十分可爱，也称"母亲花"。她逝世后，邓颖超就曾把一束衬着松柏的黄色康乃馨放在她的棺椁上。

2. 问题思考

(1) 花是一种植物，也是一种文化，为什么？
(2) 你认识哪些花卉品种？最喜欢哪种花？为什么？
(3) 怎样在花卉种植中体现创造性劳动？

劳动视野

中国花文化

"没有中国的花卉，便不成花园"，来华外宾常常这样赞誉中国的花卉。的确，中国是花的国度，全世界约有花卉 3 万种，原产于我国的花卉就有 1 万至 2 万种。

同世界上所有的人一样，中国人也天生爱美、爱花，视花为美，与花媲美，因此，视花为美的化身、美好幸福的象征。然而，中国人对花的认识和情感并不仅限于此，还有着更为深刻的认识和浓厚的情感。在中国人看来，花是有灵之物。人们赏花，除了赏识它那静态的外部形态美之外，还善于观察欣赏它那动态的生命变化之趣。另外，中国人还认为花是有情之物，不仅娱人感官，还能撩人情思，更能寄以心曲。中国人对花的看法和情感，是观花之后悟得的一种艺术境界和精神上的寄托。因此，中国人世世代代爱花、

中国花卉

赏花就是认为花能使人赏心悦目，花能畅神达意，花能陶冶情操，花中蕴含着文化，花中凝聚着中华民族的品德和气节。

花文化无疑是一个国家和民族文化的组成部分，因此，花文化的形成与发展也必然随着国家和民族文化的兴衰而起落。中国花文化从一出现就深受中国绘画、书法、文学及造园工艺等传统文化的影响，并随之发展，所以中国花文化是在浓厚的传统文化基础上发展起来的。

中国花文化的内容主要有以下几方面：

（1）描述历代社会生活中各种花事活动的情景，诸如各朝各地的花市、花展、花节盛况，借以展现繁荣欢乐的社会风貌。

（2）直接表现或描绘各种名花异卉的琼姿仙态之美，以展示大自然的美景，使人获得美的享受。

（3）介绍古今名人赏花、赞花和育花的种种趣事，以此增加人们的生活知识和乐趣。

《中国花文化辞典》

（4）以花为题，借花传情，或阐述人生哲理，或表示祝愿、希望和祈求，或表达个人的种种心态与冥想。

（5）介绍花卉栽培的知识、信息、经验以及新方法、新技术等。

 劳动实践

★劳动项目: 花卉栽培

【劳动目标】

(1)通过花卉种植劳动,体会花农的辛勤劳动。

(2)通过花卉种植劳动,掌握花卉的种植技能。

(3)通过花卉种植创意,培养创造性劳动志趣。

【劳动任务1】校园种花劳动

校园种花

□劳动过程

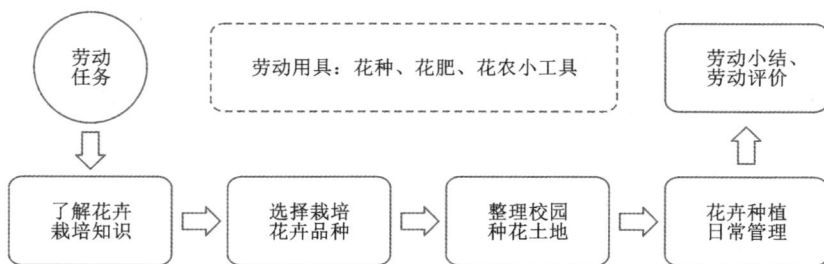

花卉种植过程

□劳动点拨

花，是一种用来欣赏的植物，有木本花卉和草本花卉两大类型。

常见木本花卉如：月季花、梅花、桃花、牡丹、玉兰、紫荆、连翘、金钟、丁香、紫藤、杜鹃花、石榴花、含笑花、白兰花、茉莉花、栀子花、桂花、木芙蓉、蜡梅、山茶花、迎春花。

常见草本花卉如：郁金香、春兰、慈姑花、芍药、风信子、紫罗兰、夏兰、石竹、石蒜、荷花、睡莲、万寿菊、千日红、水仙、鸡冠花、一串红、孔雀草、菊花、康乃馨、满天星、星辰花、虞美人。

按观赏形式分类，有盆花类、鲜切花和室内观叶植物。

进行花卉种植首先要了解它们的生长习性，掌握它们对光照、温度、湿度、土壤介质、水分、肥料等各方面的情况，还有一些常见疾病的防治。花卉种类不同，生长习性也不同。下面以几种名花为例来说明。

（1）水仙。

水仙是石蒜科多年生草本植物，在中国已有一千多年的栽培历史，为传统观赏花卉，是中国十大名花之一。水仙性喜温暖、湿润。水仙栽培的要点如下：

①挑选种球。要想养一盆好的水仙花，必须从选择好的水仙球茎开始。现在，人们可以通过网络购买一些质量较好的水仙种球。

水仙

②家养水仙一般采用水培法，不需任何花肥，用浅盆水浸法培养。将经催芽处理后的水仙直立放入水仙浅盆中，加水淹没鳞茎三分之一处为宜。盆中可用石英砂、鹅卵石等将鳞茎固定。

③水仙盆白天要放置在阳光充足的地方，晚上移入室内，并将盆内的水倒掉，以控制叶片徒长。次日早晨再加入清水，注意不要移动鳞茎的方向。刚上盆时每日换一次水，以后每2~3天换一次水，花苞形成后，每周换一次水。

（2）兰花。

兰花，中国十大名花之一。兰花栽培要点如下：

①分盆。满盆以后进行分盆，一般 3~4 年 1 次。分盆时，盆土要干燥些。将母株翻出后轻轻除去泥块，按自然株分开，修剪败根残叶后用清水将根部洗干净，干燥后再上盆。

兰花

②上盆。花盆以口小、盆深、底孔大的为佳。先在盆底孔上盖以蚌壳、棕片等，再加粗砂、煤渣和木炭堆成馒头状，约占花盆容量的 1/3。然后将兰花放入盆中，将根疏密排好，加拌好的细土至距盆 2~3 厘米处为宜。轻压盆土，使土与根紧密接触，再用手指沿盆周围压实，以免浇水时造成空洞。

③施肥。不施不行，多施、重施更不行。视叶色施肥，叶显黄而薄是缺肥，应追肥；黑而叶尖发焦是肥过多，应停止施肥。肥料一定要腐熟，未经腐熟不能使用，忌用人粪尿。

④浇水。兰花八分干、二分湿最好，花期与抽生叶芽期浇水要少些。总之，干则浇，湿则停，适当偏干为原则。

⑤光照。兰花虽然喜凉，但如果常年放在背阴处，会很少开花，因此栽培兰花必须注意光照问题。

（3）菊花。

菊花，中国十大名花之一，产量居首。菊花栽培技术要点如下：

①盆土。宜选用肥沃的沙质土壤，先小盆后大盆，经 2~3 次换盆，7 个月后可定盆。

②浇水。浇水最好用喷水壶缓缓喷洒，不可用猛水冲浇。一般在

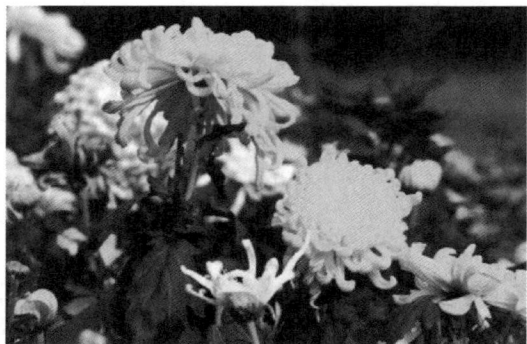
菊花

给花浇水时，要见盆土变干时再浇，不干不浇，浇则浇透。

③施肥。在菊花植株定植时，盆中要施足底肥，以后可隔 10 天施一次氮

肥。含苞待放时，再施一次浓肥水后，即暂停施肥。

④摘心与疏蕾。摘心能使植株长出分枝，有效控制植株高度和株型。当菊花植株长至 10 多厘米高时，即开始摘心。最后一次摘心时，要对菊花植株进行定型修剪。

【劳动任务 2】创意花盆制作

创意花盆制作

□劳动过程

创意花盆制作过程

□劳动点拨

许多花卉可以盆栽。花盆可以有不同的材质，如陶瓷、塑料、木料、石头等，可以根据花卉的习性和种花者的爱好选择。

在创造性劳动中，可以考虑利用常规材料或废品材料，设计制作具有个性化、艺术化或智能化等特色的创意花盆。

【劳动评价】

"花卉栽培"劳动素养评价表

评价项目	评价要求	自我评价	小组评价	师长评价	备注
劳动观念	花卉栽培劳动价值认识				
劳动能力	常见花卉品种的识别				
	盆栽花卉的基本技能				
	自制花盆的基本技能				
	花卉栽培劳动过程中的创意能力				
劳动习惯	栽培劳动程序				
	栽培劳动次数				
劳动精神	栽培劳动过程能否精益求精				

注：在表中空白处填写评价等级，分 A（优秀）、B（良好）、C（一般）。

劳动创智

1. 创智之道：观察重演

花开花落，候鸟迁徙，四季轮回，这都是人们习以为常的一些周期重演、过程重演或内容重演现象。如果对这些重演现象进行创造性观察，或许能获得新知识，发现新东西。

我国著名科学家竺可桢以研究气候变化规律而蜚声中外。他在知识创新中能够做出卓越的贡献，与他长期坚持考察重复现象是分不开的。竺可桢从青年时代起就养成了观察的习惯，他每天早晨起床后的第一件事，就是观测并记录气温、气压、风向、温度等气象要素，几十年如一日，直到逝世的前一天，从未间断。他由杭州迁居北京后，不仅仍坚持气候观测，而且开始进行物候观察。他每天都以日记的形式记录着大自然的乐章：阴晴冷暖、风霜雨雪、杏花初绽、候鸟回归、布谷啼鸣、江河解冻。他在进行观察的同时，还阅读了大量的古籍，从中寻觅有关气候和物候的记载，并一页一页地摘抄下来。

他在掌握了大量观察资料的基础上，对这些资料进行整理和精心研究，终于发现了世界气候存在波动的重演现象，并写成《历史时代世界气候的波动》一文。后来，他又发表了《中国近五千年来气候变迁的初步研究》，对中国气候变化做了定量分析，这篇论文震惊了国内外气象学界，为中国赢得了荣誉。

什么是重演现象？它是指同一事物或同类事件在一定的时间空间里，以同一形式或相似形式反复地演示的现象。重演现象大体可以分为两种，一种是连续性显示的重演，一种是离散性显示的重演。无论哪种重演现象，都潜藏着某种客观规律。世界上一切事物、现象的发展与变化，都不是孤立的、杂乱无序的，而是相互联系的、有序的，即都是按照其自身所固有的客观规律在运转、在演示。发现重演现象，就意味着摸到了某种规律的触角，在认真的考察与实验探索中，就有可能做出创造性成果。

2. 创智之思

（1）兰花好看难栽，这与它特殊的根部有关。试说说兰花根部对盆栽的影响和改进兰花种植的创意。

（2）花卉不仅能够美化环境，而且还有其他使用价值，例如可以制作鲜花饼。说说花卉还可以拿来做什么。

（3）右图为园艺工培育的悬崖盆景，说说制作此种盆景必须遵循什么力学原理。

（4）有人发明了一种"会哭脸的萌娃花盆"，试说说它的创意有哪些，你从中能得到什么启示。

3.4　食用菌的栽培

劳动聚焦

1. 自主阅读

蘑菇

说起蘑菇，人们自然想到它是一种味道鲜美的食材，经过厨师的煎炒烹炸炖煮后，成为餐桌上的山珍美食。

蘑菇，古已有之。2011 年，中科院南京地质古生物研究所的科研人员在内蒙古的宁城和辽宁省的北票发现了两块奇特的隐翅虫化石，在业内引起了很大的轰动。因为这次发现的两种隐翅虫是过去未曾见过的新属新种。而这两种分别被命名为巨大原巨须隐翅虫和奇异白垩巨须隐翅虫的生物，

蘑菇

因食谱单一，只吃蘑菇，它们的发现恰恰成为蘑菇繁衍史的有力证明。在这两块巨须隐翅虫化石没有被发现之前，世界上已知最古老的蘑菇化石"年龄"可追溯到距今 1 亿年左右。

蘑菇这种食用菌，古人雅称其为"蕈"，被誉为是"集天地之精华，采天地之灵气"的人间珍品。而中国恰恰是世界上最早认识和利用食用菌的国家，并在诸多古籍中有着详细的记载。

《庄子》曾载"朝菌不知晦朔，蟪蛄不知春秋"，《列子》亦云"朽壤之上，有菌芝者，生于朝，死于晦"，这都是古代先贤由菌菇生命的短暂引发的感慨。而《吕氏春秋》中"味之美者，越骆之菌""齐文宣帝凌虚宴取香菌以供品

味"则写出了古人对食用菌的美味的厚爱。

宋朝时期,陈仁玉在《菌谱》中把香菇称为"合蕈"。元朝的《王祯农书》还记载了种植香菇的砍花法,至今很多菇农仍在使用。值得一提的是,这种砍花法始创于宋朝时期的吴三公,在浙江省庆元县还有一座香菇庙,用来纪念这位"香菇之祖"。

历史上的文人墨客对蘑菇多有偏爱。据说,宋朝文学家苏轼是一个名副其实的"吃货",除了爱吃"东坡肉"外,还喜欢吃菇。一首《与参寥师行园中得黄耳蕈》便佐证了这一事实:"遣化何时取众香,法筵斋钵久凄凉。寒蔬病甲谁能采,落叶空畦半已荒。老楮忽生黄耳菌,故人兼致白芽姜。萧然放箸东南去,又入春山笋蕨乡。"遥想当年,秋日落叶纷纷,苏轼与好友忽然发现园中树上长有黄耳蕈,并据此美餐一顿,不禁让人羡慕。

文人们采食的是蘑菇,吃的是一种情趣,传承的是一种文化。

2. 问题思考

(1)蘑菇是一种食用菌,可以人工栽培。除此之外,人们还栽培了哪些食用菌?

(2)人工栽培食用菌需要怎样的技术?

(3)发展食用菌产业有何意义?

劳动视野

1. 食用菌的特征

蕈菌也是可供人类食用的菌类。蕈菌,是指能形成大型的肉质(或胶质)子实体或菌核类组织,并能供人们食用或药用的一类大型真菌。

中国食用菌资源十分丰富,据2000年统计,中国的食用菌达900多种,人工栽培的有50余种。

在山区森林中生长的木生菌种类和数量较多,如香菇、木耳、银耳、猴头菇、松口蘑、红菇和牛肝菌等。在田头、路边、草原和草堆上生长的草生菌有草菇、口蘑等。

(a)香菇

(b)草菇

(c)牛肝菌

常见食用菇

食用菌以其白色或浅色的菌丝体在含有丰富有机质的场所生长，条件适宜时形成子实体，成为人类喜食的佳品。菌丝体和子实体是一般食用菌生长发育的两个主要阶段。各种食用菌是根据子实体的形态，如菇形、菇盖、菌褶或子实层体、孢子和菇柄的特征，再结合生态、生理等的差别来分类识别的（见层菌纲之木耳目、银耳目、伞菌目等）。凭经验区别野生食用菌和毒菇时，也是以子实体的外形和颜色等为依据。有些食用菌生长在枯树干或木段上，如香菇、木耳、银耳、平菇、猴头菇、金针菇和滑菇；有些生长在草本植物的茎秆和畜、禽的粪便上，如口蘑、草菇等；还有的与植物根共同生长，被称为菌根真菌，如松口蘑、牛肝菌等。以上特性也决定着各种野生食用菌在自然生态条件中的分布。食用菌在菌丝生长阶段对潮湿条件要求并不严格，但在出菇或出耳时，环境中的相对湿度则需在85%以上，而且需要适合的温度、通风和光照。如：蘑菇、香菇、金针菇、滑菇、松口蘑等适合在温度较低的春、秋季或在低温地带（15℃左右）出菇；草菇、木耳、凤尾菇等则适合在夏季或热带、亚热带地区的高温条件下结实。

2. 食用菌的价值

食用菌含有丰富的蛋白质和氨基酸，其含量是一般蔬菜和水果的几倍到几十倍。食用菌还富含多种矿物质，如磷、钾、钠、钙、铁、锌、镁、锰等，以及其他一些微量元素，常被人们称作健康食品。以食用菌为原料生产加工的保健食品、保健饮料、酒及药品大量用于医疗临床及投入保健品市场。因此，食用菌作为一种绿色食品日益受到各国人民的重视。

由于食用菌有多种抗病治病的药用保健价值，现已引起国内外许多研究学者的重视，逐渐由食用转入药用研究及药用开发研究。食用菌除了制成各种保健茶、保健饮料外，还可制成多种煎剂、片剂、糖浆、胶囊或研末服用，有的还制成针剂、口服液等。另外，对食用较多的担子菌，现已发现对人体肿瘤有显著抑制作用的就有 60 多种。因此，把真菌的食用与药用结合起来，对食用菌的进一步开发更具有实践意义。

中国大农业的发展是"三色"农业，即绿色农业、蓝色农业和白色农业。绿色农业就是如何科学地利用光合作用来提高粮食作物、蔬菜、果树及花卉的产量和品质。蓝色农业就是开发海洋，利用科学技术从海洋里生产出更多的海菜和海鲜产品。白色农业就是微生物农业，即食(药)用菌产业。

食用菌产业

食用菌不仅能提供大量人们生活所需要的蛋白质，而且还能应用于医药，解决与人们生命相关的重大疾病问题，在未来拥有着广阔的发展前景。

劳动实践

★劳动项目：蘑菇栽培

【劳动目标】

(1)通过蘑菇栽培劳动，体会菇农的辛勤劳动。

(2)通过蘑菇栽培劳动，掌握蘑菇的种植技能。

(3)通过蘑菇栽培创意，激发创造性劳动志趣。

【劳动任务】蘑菇室内栽培

蘑菇室内栽培

□劳动过程

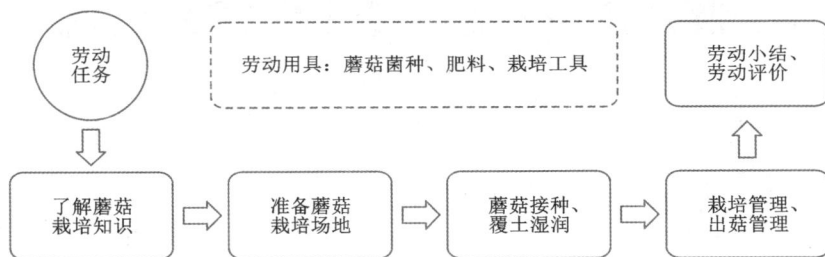

蘑菇栽培过程

□劳动点拨

（1）食用菌栽培方式。

食用菌栽培的方式多种多样。按培养料分，有段木栽培和代料栽培；按栽培方式分，有袋栽、畦栽、床栽和箱栽；按培养场所分，有室内栽培、室外栽培等。

其中，段木栽培越来越少，原因是该方式破坏林木资源。

食用菌的代料栽培包括生料栽培、熟料栽培和发酵料栽培。

生料栽培是指按照配方将培养料加水拌匀后，直接用于食用菌栽培的方法；熟料栽培是指按照配方将培养料加水拌匀、装袋、灭菌后再栽培食用菌的方法；发酵料栽培是指将培养料加水拌匀后，经发酵以杀灭有害杂菌和虫卵，并使培养料腐熟，然后用于食用菌栽培的方法。用于生料栽培的棉籽壳等材料必须新鲜，不结块、不霉变，栽培时气温在15℃以下。用于熟料和发酵料栽培的材料不必新鲜，任何季节、温度均可栽培。

平菇可用生料栽培；双孢蘑菇、鸡腿菇、巴西蘑菇、金顶侧耳等可用发酵料栽培；灵芝、香菇、金针菇等可用熟料栽培。双孢蘑菇、巴西蘑菇等多用床栽，其他食用菌多用袋栽。

蘑菇床栽与袋栽

（2）袋栽蘑菇。

现在种植蘑菇大多数是采用袋栽方式，这样可以提高种植效益。新手在栽培袋栽蘑菇时，很容易遇到杂菌感染的问题。那么，袋栽蘑菇如何降低染菌率？要领如下：

①袋栽蘑菇时需要注意控制营养物质的比例，控制得好，不但可以有效地避免感染杂菌，还可以保证蘑菇的生长需要。袋栽蘑菇时要加入麦麸，这是一种营养比较好的食用菌栽培基质，但添加的量不应该超过25%，也不能低于15%，要不然就会影响蘑菇的生长，无法保证产量。

②袋栽蘑菇基质的pH要控制好。适合食用菌菌丝体生长的pH范围较宽，pH在5~8.5时都能够生长，最合适的pH为6~6.5。在实际生产中，一般将pH调节为7~7.5，因为偏碱性的环境不利于细菌的生长，对控制染菌十分有利。

③袋栽蘑菇所用的玉米芯要提前预湿，避免玉米芯颗粒扎破菌袋。

④袋栽蘑菇配方要有良好的透气性。如果透气性达不到要求，就容易滋生杂菌。因此，配方中一定要添加透气性材料，如棉籽壳、稻草等，透气性

好的配方，菌丝生长速度快，杂菌处于劣势，染菌机会自然下降。

总的来说，袋栽蘑菇的栽培技术有一些难度，不是那么容易掌握的，掌握得好则产量高，反之则容易感染杂菌，从而严重影响蘑菇的产量。

【劳动评价】

"蘑菇栽培"劳动素养评价表

评价项目	评价要求	自我评价	小组评价	师长评价	备注
劳动观念	蘑菇栽培 劳动价值认识				
劳动能力	常见蘑菇品种 的识别				
	袋栽蘑菇的 基本技能				
	床栽蘑菇的 基本技能				
	蘑菇栽培劳动 过程中的创意能力				
劳动习惯	栽培劳动程序				
	栽培劳动次数				
劳动精神	栽培劳动过程 能否精益求精				

注：在表中空白处填写评价等级，分 A（优秀）、B（良好）、C（一般）。

劳动创智

1. 创智之道：动态观察

看着一只静静地摆在桌上的鸡蛋，你会有什么发现呢？静态下的鸡蛋，很难让你悟出有关鸡蛋的发明创意，但倘若化静为动去观察，或许有意外的发现和发明。

早些年，有个叫林力凡的研究者在对司空见惯的鸡蛋注视良久之后，想到了将鸡蛋逐步加压的动态实验，期望在实验中能碰上好运。他将鸡蛋放在一个封闭的铁筒中，然后逐步加压，分步观察。开始，他并没有发现在常规压力下的鸡蛋有什么变化，直到他将筒内压力升高到 6000 个大气压后，他才发现了"新大陆"：经过高压处理的鸡蛋，蛋壳完好无缺且是冷的，但是将蛋壳打开后发现蛋已凝固。这种被"压熟"了的鸡蛋蛋黄呈鲜黄色且富有弹性，味道特别鲜美可口，经过化验可知，其营养价值毫无破坏。林力凡大喜过望，马上想到了"压力烹煮法"和"超高压食品"的发明。

压力为什么可以将食品煮熟呢？这是因为它和温度一样，都是自然界中能够改变物质状态的因素。通常，我们是在压力不变的情况下改变温度来烹煮的。加压比加热更具有优点，食品中的维生素、香味、色素等低分子化合物在加压时不会发生变化，因此，不会像加热时那样使食品颜色发生变化。另外，加压也有助于保持食品的新鲜味道。可以说，高压烹煮的发明为发展人类饮食文化打开了新的窗户。

在"压力烹煮法"的发明过程中，动态观察起了重要的作用。在创造劳动过程中，我们不仅要对劳动对象进行静态观察，而且要创造条件，在激发、扰动的状态下进行动态观察，力求获得在静态下无法知道的新情况。

动态观察，首先要对研究的事物进行静态观察，了解其静态特征；然后通过改变时空环境或物理条件（温度、压力、速度等），创造动态观察条件。

事物的属性在动态条件下或许与在静态条件下有所不同，这种想法常常使化静为动者收获创意。

2. 创智之思

（1）在袋栽蘑菇的劳动中，应用化静为动的创造技法，会有什么创意？

（2）某地发现一种野生蘑菇不能食用，但容易大面积栽培，如果想利用这种蘑菇做有利的事，你有什么创意？

（3）右图是什么植物？它有何功用？能否人工栽培？为什么？观察它的形状，你有什么联想或创意？

（4）如果想设计一种智能蘑菇栽培架，应该思考哪些问题？

图书在版编目(CIP)数据

中学生创造性劳动教育指导／潘道正，王普献，肖雪坤
主编. —长沙：中南大学出版社，2022.8(2025.4 重印)

ISBN 978-7-5487-4864-9

Ⅰ．①中… Ⅱ．①潘… ②王… ③肖… Ⅲ．①劳动课
—中学—教学参考资料 Ⅳ．①G634.933

中国版本图书馆 CIP 数据核字(2022)第 057869 号

中学生创造性劳动教育指导
ZHONGXUESHENG CHUANGZAOXING LAODONG JIAOYU ZHIDAO

潘道正　王普献　肖雪坤　主编

□出 版 人	林绵优
□责任编辑	谢贵良　梁　甜　张　倩
□封面设计	殷　健
□责任印制	唐　曦
□出版发行	中南大学出版社
	社址：长沙市麓山南路　　　　邮编：410083
	发行科电话：0731-88876770　传真：0731-88710482
□印　　装	湖南省众鑫印务有限公司

□开　　本　787 mm×1092 mm　1/16　　□印张 18.75　　□字数 310 千字
□版　　次　2022 年 8 月第 1 版　　　　□印次 2025 年 4 月第 2 次印刷
□书　　号　ISBN 978-7-5487-4864-9
□定　　价　59.00 元(全二册)

图书出现印装问题，请与经销商调换